一个老兵的回忆录

孙曰修 遗著
叶淑穗 补录
孙　原 整理

当代中国出版社
Contemporary China Publishing House

图书在版编目(CIP)数据

一个老兵的回忆录 / 孙曰修遗著；叶淑穗补录；孙原整理 . -- 北京：当代中国出版社，2025. 1

ISBN 978-7-5154-1448-5

Ⅰ . K825.2

中国国家版本馆 CIP 数据核字第 2024TZ4824 号

出 版 人　蔡继辉
责任编辑　周显亮　柯琳娟
责任校对　贾云华　康　莹
印刷监制　刘艳平
封面设计　宋　涛　鲁　娟
出版发行　当代中国出版社
地　　址　北京市地安门西大街旌勇里 8 号
网　　址　http://www.ddzg.net
邮政编码　100009
编 辑 部　(010)66572180
市 场 部　(010)66572281　66572157
印　　刷　中国电影出版社印刷厂
开　　本　880 毫米 × 1230 毫米　1/32
印　　张　7.25 印张　133 千字
版　　次　2025 年 1 月第 1 版
印　　次　2025 年 1 月第 1 次印刷
定　　价　78.00 元

老兵孙曰修

1955 年，孙曰修（三排左一）与后勤学院同班同学毕业合影留念

2020 年 9 月，孙曰修、叶淑穗在北京翠湖国家城市湿地公园游览

2017 年 中秋节家庭聚会

1994 年，孙曰修在中国人民解放军总后勤部老干部书画展上荣获“特别奖”。孙曰修接受总后勤部领导的颁奖

2022 年 7 月，孙曰修荣获“喜迎二十大 建功新时代 驻京部队老首长主题书画作品展”创作一等奖

引　言

我的丈夫孙曰修先生，1926 年生，是中国人民解放军原总后勤部的离休干部，是一位抗战老兵，平时身体健康，生活完全可以自理，虽然 96 岁高龄，还积极参加干休所组织的活动。2022 年冬月，面对来势凶猛的疫情，他没有躲过这一劫，在一次核酸检测中被发现为阳性。开始低烧，晚间突发高烧，但神志仍然清晰。吃退烧药后，清晨退烧后又突发 39℃高烧。我与他商量是否去医院，他表示不愿去。干休所的医生认为必须去，因为在家没有治疗的条件，于是紧急用救护车将他送到医院。医生检查后告知，他的病情危急，需要抢救，并安慰我说："我们帮你把他抢救过来。"我就看见三四个医生，动作极为迅速，一下各种管子都给他插上了。呼吸机也用上了，各种仪器同时闪亮起来，数字在一秒一秒地变换着，我虽然看不懂，但情况显然很严重。我一下就蒙了！不知所措。

当时正是疫情发展最严重的时期，即便是条件较好的 301 医院，也是人满为患，医生短缺，设备短缺，床位等医疗资源都短缺。即便如此，医院仍尽了最大的努力，采取各种办法，抢救了 11 天。感谢医院的领导和医疗单位的医生们，他们对这位抗战老兵付出了最大的辛劳，但由于严重的病情，终究没有将他抢救过来，他就这样走了。我痛失相濡以沫 69 年的丈夫。他没有留下一句话，可能他也没有想到自己就这样走了，或者当他有预感的时候，已经不能表达了。我无比地遗憾，作为 69 年患难与共的妻子，在他生命的最后，在他最痛苦、最受煎熬的时刻，没有能够留在他的身边，给他以抚慰。直到此时此刻想起来，我仍感到无比的心痛。我不能原谅自己，始终沉浸在悲痛和遗憾之中。

在他弥留之际，孩子们用手机微信视频，连接了病房中的他和家中的我，让我们远程见了一面。我边哭边唤着他，他在痛苦中艰难地睁开了眼睛，就是那一刹那的对视，我看见他的眼中充满了生的渴望，充满了平日里饱含的温情、充满了由衷的眷恋，此情此景像一道光射入我的肺腑。就是生离死别的一刹那，我顿悟了，我似乎明白了，他那无声中的千言万语……

我们最后的相见，是在医院的告别室。他静静地躺在医院的担架上，像平日熟睡的样子，似乎比平时显得更加清秀，镇定而安详。直到今日回想那一刻，我仍不相信他已经不在人世了。我紧紧地握着他冰冷的大手，虽然没有了温度，但仍然是那样厚重，那样柔软，像活着的时候一样。我泪流满面，无情的事实告诉我，他不会再醒来了，眼前这一切，就是夫妻最后的诀别……

他一生给我的呵护、体贴和全身心的帮扶，使我在人生的路途中不断地有所收获、得到成长。我至今无以回报。思虑再三，我想尽我的可能，在我有生之年，编辑整理他的回忆录，为他完成一本生平传记，把他奋斗的一生记录下来，并以此留给我的儿孙，使他们也了解祖、父辈的一生，并对他们有所激励。

孙曰修先生的一生虽平凡，但值得后人敬仰。他参加过抗日战争、解放战争、抗美援朝、援越抗美，之后投入军队的后勤建设和教学工作。离休后，他仍坚守战士的“不忘初心、牢记使命”的誓言，投入全部精力研究篆刻，只为继承中国传统篆刻技艺，弘扬我国老一辈革命家的精神，宣传党的各个时期的政策。他争分夺秒地工作着，创作着，生怕浪费了时间。37 年的辛勤劳作取得了辉煌的成果，他留下了千余方的鸟虫篆、多字印、多种类的篆刻作品（其中大部分是石刻，还有木刻、砖刻、贝壳刻、葫芦刻等），被誉为篆刻家。篆刻家、书法家、诗词楹联家姜公醉先生称曰修为“九州九叠第一人”；书画家蔡小汀先生称“曰修先生制印神出古異”。曰修潜心钻研篆刻艺术，曾被聘为中国人民解放军后勤部老年书画研究会特邀研究员，曾荣获多项社会颁发的奖项，如 2015 年获首届中国老年篆刻艺术展一等奖，2019 年获第十届北京电视书法大赛耆英奖等。他刻有一方钱学森诞辰百年纪念印，由有关单位制成百枚藏书票，2012 年 6 月作为神舟九号与天宫一号对接并成功返回地球的航天搭载品，见证了我国航天奇迹，成为具有重要意义的航天收藏品。他刻的毛泽东诗词 53 首，装订成册，分别赠予湖南韶山毛泽东纪念馆、韶山毛泽东图书馆，并被上述两馆收藏。他刻的周恩来诗词 10 首被天津周恩来邓颖超纪念馆收藏。可谓功夫不负有心人。

他的一生：

八路军解放军志愿军，一生功勋在戎马；

鸟虫篆多字篆石木篆，古稀篆刻成名家。

他无愧于此生，我由衷地敬佩！

谨以此献给我相伴一生的夫君！

叶淑穗

2023 年 4 月

目　录

一、乡情滋养我成长　年少懵懂寻远方

我的家乡在山东省蓬莱孙家沟，一个在山沟里的小村庄，当时全村只有三十几户人家。一九二六年农历四月二十三日，我出生在这里。

我的爷爷孙良广，在老孙家族谱排“良”字辈。我出生后不久，他就去世了，所以我对爷爷没有印象。但我还记得我的奶奶。奶奶特别宠爱我，给我起了个小名叫宝墩，还经常背着我出去玩。

1959 年秋孙曰修陪父亲孙乃桐游览天坛公园

我父亲孙乃桐是一位裁缝，长年在烟台务工，每逢过年才能回家。从我记事起，家里经常就只有母亲、姐姐和我三个人。每次父亲回来时，总是给家里带些鞭炮，放鞭炮是我最高兴的，这是家里最欢乐和喜庆的时刻。父亲每年回来，都要带我去拜祖坟，不厌其烦地向我一一讲述祖辈的往事。父亲留给我最宝贵的财富，就是教会我打算盘。为了早日把我培养成才，赚钱养家，他一有机会就亲自监督我，教我打算盘、背口诀（那时的计量是十六两为一斤，需要借助口诀才能提高换算的速度）。父亲对我非常严厉，打算盘时，一旦出错就会用旱烟袋锅儿打我的脑袋。有一年春节，村里来了秧歌队，路过家门口，吹吹打打好热闹，我想出去看，母亲也说情，可父亲说什么都不许，非要我把口诀背完不可。现在回想起来，还真要感谢父亲当时的严教，让我有了珠算本领并且受用一生，尤其是在艰苦的战争年代，珠算使我能够独立胜任部队基层繁重的会计工作。

我母亲孙郑氏是童养媳，但是她特别能干，里里外外一把手。当时父亲常年在外，家里没有成年男人，家里所有的事，大事、小事、难事，只能由母亲出头、做主。1933 年，我 7 岁了，在本村上小学。母亲看到我长大了、上学了，十分高兴，并在开学那天给我穿上了新大褂，把我打扮得像个小大人。上学以后，母亲对我说，你是咱家的男子汉了，以后外面的事你要多承担一些。于是，我让母亲给我买了两个小桶，承担了到村头挑水的活儿。

母亲的性格也很泼辣，为“护犊子”能拼命。一次，村里有一家办丧事，按老规矩，全村各家都要出一个人帮工，帮助搭建奠席棚，请吹鼓手吹奏，送葬后招呼其亲友吃酒席。当时，我代表我家去帮工。主家在亲友散席后，最后给所有帮工开了一桌酒席。当晚，我们那桌喝的酒是用红薯干自酿的 60 度白酒。在座的叔叔、大爷都逗我，认为我这个小男娃挺好玩，就你一盅他一盅连哄带灌地给我喝酒，连灌了我八大盅（每盅一两）。很快我就晕了，走不了路了，最后也不知是哪位大叔背我回家的。到家后，我一直昏睡，母亲和姐姐给我用冷毛巾敷在头上，又用凉水擦身，又给我灌绿豆汤。她们俩一边忙，一边哭。第二天一早，母亲就在村子里到处找那些灌我的人讲理，绕着我家门前、屋后，一边哭，一边叫骂，一边数落……邻里都怕了，没有一个人敢出来应声。我整整昏睡了三天才醒过来，后来，村子里再也没有人敢这么灌我酒喝了。

我们家里有两个孩子——我和我姐姐，姐姐孙凤英比我大 4 岁。我原来还有一个大哥，死得早。我也曾有过弟弟妹妹，后来都因得了脐带风死了。

我家属下中农的家庭。我出生时，家里说是有 15 亩山地，但都是东一块、西一块的拼凑田地。家里没有壮年劳动力，所以除了留下一两亩地种点蔬菜，勉强度日，其余的地都出租给外面人家，以贴补家用。遇上我父亲失业那段时间，家里没了经济来源，生活就更困难了，甚至被迫借高利贷。

我的儿时，是在乡情和亲情的呵护下成长的。在我的记忆中，无论家里日子多苦，家里给我的爱与呵护没有减少，我在祖辈、父母和姐姐的亲情爱护下成长，他们给我吃饭穿衣，送我读书写字，让我成为那个乱世年代从农村出来的还能够有点儿文化和财会技能的年轻人。

我生长在农村，小时候很淘气。当时街坊四邻同辈的就我一个男孩，我只好追着邻家的姐姐们玩儿，但她们都嫌我太淘了不愿跟我玩，为此我也惹出不少笑话。有一次，姐姐们进了一个院子，不让我跟着进去。我就爬墙头，想看看她们在干什么。当我从墙头跳进院子的时候，一块砖头掉下来，磕在脑袋上，弄得我满脸都是血。我跑回家，妈妈吓了一跳，赶紧用高粱面给我往头上糊，才止了血。现在我头上还留有这个磕伤的坑。即便这样，我还是天性不改。后来又有一次，姐姐们聚在屋里玩儿，躲着我，我便又不甘心，就想看看她们在玩什么。那天天气很冷，还刮着风，我不管不顾地爬到一棵大树上，想从树上将屋里边看个究竟。哪知上树以后，树大招风，寒风刺骨，直吹得肚子痛，我憋不住要拉稀，却越急越下不来，结果拉了一树。

我淘气归淘气，但珍惜上学念书的机会，在村里上学那段时间，是我最开心的童年时光。我记得第一课是“我们开学啦，弟弟妹妹一起来”。我的老师名叫何秀生，我的学名也是他给起的。按我们孙家祖辈的排行我是“曰”字辈的，老师就给我起名叫孙曰修。那时学校老师由各家派饭，所以老师常到我家来。他很喜欢我，看到我学习好，人也乖巧，就和我母亲商议，想把他的姑娘嫁给我，我母亲同意了。我 8 岁那年，家里请了村里一些老人，举行了一个定娃娃亲的仪式。当时老师家还给我家送了一份礼，是《曾国藩日记》《左宗棠家书》两部书和十块大洋。后来日本鬼子来袭时，家里将这两部书装入一个坛子里，把口封严，用猪脬包起来，埋在了大门外地势比较高的地方。我当时还是个毛头小孩儿，就知道淘气，对这门娃娃亲并不懂，更没有具体概念。几年后，我外出闯荡，把这件事全然忘在了脑后。

1937 年，我 11 岁。在学校的爱国主义教育下，我在本村学校参加了少年抗日先锋队，送信带路，站岗放哨。

1938 年，因学校无限期停课，12 岁的我就回了家。母亲为了减轻家里的负担，也防止我“惹事”，决定托亲戚把我带到东北的安东（现在的丹东市），让姐姐留在家里帮她做活。于是，年少懵懂

1958 年孙曰修夫妇与姐姐孙凤英（左一）在后勤学院宿舍门前

的我第一次离开家，远去他乡寻生计，在安东市永茂祥纺织厂做店员。

初到纺织厂，由于我年纪小，当店员不够格，人家就让我干些零活。比如给老板屋里搞卫生、烧炕、整理被褥、倒尿壶，侍候老板吃饭。没想到这个老板是一贯道①的头目，人特难伺候，一不顺心就对我又打又骂，挨打成了我的生活常态。一次伺候老板吃饭，我无意中给他摆了一盘虾酱，他吃素，不知道这是什么东西，吃得特香。后来他知道这是虾酱，可不饶我了，把我痛打一顿。后来，我在纺织厂做了正式店员。虽然是一个小小的店员，但厂里看我人机灵又勤快，就经常派我干各种活计，开始是帮助仓库装卸物资，后来又教会我操作机器轧棉花。我的社会经验和谋生技能，在这里得到磨炼和增长。

1941 年 12 月 7 日，日本偷袭珍珠港，次日，英美对日宣战，太平洋战争爆发。为了躲避日伪军抓壮丁，厂里的亲戚就给我换了一个假名叫“孙振德”，还改了户口，少报了一岁，因此开了一份“回乡证明”。1942 年 8 月，我又回到农村老家种地。

---

① 反动会道门之一，中国的邪教之一。抗日战争时期投靠日本帝国主义并为其效劳，日本投降后被国民党反动派控制利用。新中国成立后，人民政府明令予以取缔。

二、为救百姓入敌穴　九死一生投八路

从东北闯荡回乡后，我在村民中逐渐有了威信。当时我们孙家沟正好处于抗日游击区，八路军的工作人员常在我家住，我平日也跟村里的八路军沟通较多，关系不错。村里人看我跟八路军说得上话，也能为村民办好事，自然都很信服我。

在八路军的指导下，我在我们村牵头组织了民兵连，我也自然成了民兵连的头儿。民兵连在村里高高的岗子上有一个房子，我平时就住在这里，工作上也劲头十足。我们民兵连为村里做了很多好事。有一次，执勤的民兵发现一个人牵着一头骡子，形迹可疑，就将他捉住。经过审问，此人承认骡子是从邻村偷的，民兵连就和邻村的人联系，将骡子还给了失主。骡子的主人千恩万谢，因为牲口对农村庄户人来说是非常重要的。还有一次，民兵巡逻发现有一个人坐在我家附近，从他的衣着和神情来看非常可疑，于是我们几个骨干将他控制住。经审问，他承认是从监狱逃出来的，是一个犯人。他说他饿了，我们给他吃了一些东西之后，再次详细地审问他。从他交代的桩桩件件案情，我们分析他至少是个诈骗犯，很可能还有其他问题。当时，我们民兵连里一个当屠夫的民兵，听了嫌疑人交代的罪状很气愤，一冲动就把他给处决了，我没有拦住。这件事情可严重了！我赶快上报给区里。后来经过区里详细调查，确认此人是个罪行累累的反动分子，认为应当处决，我这才松了一口气。

后来，八路军组织村里推选村长。大伙儿一合计，就把这个村长的责任推到我身上了。因为我们组建民兵的工作，在当地很受老百姓称赞，也因为我们这个游击区离鬼子据点炮楼很近，就三里地，有时八路军一走，鬼子就来了！这个村长太难当也太危险了，村里人都不愿意干。我明白，这个抗日游击区的村长，随时要听八路军的指挥，给老百姓服务，当鬼子扫荡占领了村子的时候，村长还要不怕危险，在日本鬼子和汉奸之间周旋，应付鬼子派的交粮等差事，保护八路军、游击队队员……这是个走在刀尖上的活儿。但是我看到大家对我的热情和信任，就把心一横，勇敢地承担了。就这样，1943 年，17 岁的我被推选为村长。

在临危受命当村长两个月后，有一天，8 个汉奸到邻村讨捐，途经我们村时，被抗日游击队俘虏并处决了。日本鬼子气急败坏，叫嚣着要抓八路来抵命，要我和邻村的村长马上去炮楼受刑，否则就要报复全村老少。我召集全村开会商议对策。会上，叔叔大爷们对我说：“孩子，只要你为全村去炮楼救大伙儿的命，大伙儿就一定会想办法将你救出来。”在这危难时刻，说心里不怕那是不可能的，日本鬼子的惨无人道是众所周知的。我也知道这是一个火坑，但作为村长，我不能让鬼子祸害全村啊，保护八路军和乡亲们是我作为村长应当担当的职责和使命！我年轻，本来就有一股天不怕地不怕的劲头，同时我也相信，全村的父老乡亲会救我的。于是，我没有却步，当着全村老少的面儿，勇敢地应了这件事。我母亲得知后可不干了，执意不让我去。但由于我非常坚决，母亲最终无奈放我去了。

当天傍晚，我只身到了炮楼。邻村的那个村长却未去，只来了两位年长的代表。

一进日本鬼子的炮楼，鬼子队长暴跳如雷，不由分说喊来几个鬼子兵对我们三个人连踢带打，将我们绑在长板凳上，重重地打了每人八大军棍，打得我们皮开肉绽，疼痛难忍……日本鬼子打够了就把我们拖到炮楼最底层关起来。三天后，村里花了三十多块大洋，还送了些礼，才求人将我保出，抬回村里来。我整个屁股和下身伤痕累累，遍布瘀青和瘀血，已经引起下肢的血肿、硬化，人也奄奄一息。乡亲们用一兜兜鸡蛋清，在我的伤口下面边敷边抖，慢慢地把瘀血连吸带沾地全抖到鸡蛋清里来，每一兜透明发白的鸡蛋清，在我身上抖完后都沾满了淤血，变成了红红的脓血冻儿……就这样，经过乡亲们日夜不停地救护和十多天的疗养，我可以慢慢地下床了。我牢记着日本鬼子烙下的这个刻骨铭心的仇恨，决心痊愈之后就去参加八路军抗日杀鬼子！为父老乡亲们报仇！就这样，1943 年 11 月，17 岁的我离开家，参加了八路军。母亲很懂我的决心，没有阻拦，流着眼泪让我去了。

过年的时候，我父亲回家才知道他唯一的儿子去当兵打仗了，他又急又气，对母亲不依不饶。正在气头上的父亲随手拿起耙地的三齿镐就向母亲的头上打去，母亲的头顿时血流如注，鲜血流满了衣襟。见此状况，父亲也吓坏了，径直就跑回了烟台。好在当时姐姐在家，帮助母亲包扎了伤口又照料她，才没有酿成大祸。后来，父亲对我参军抗日一事也无奈认可了。正因为我当了兵，我的家人也成了光荣军属。新中国成立后，我们家还因此受到村里拥军的照顾。

三、无心插柳入工商　核算经营鱼得水

1955 年中国人民解放军第一次授衔，孙曰修被授予大尉军衔

1943 年，17 岁的我决心去当兵，是一心要加入八路军的主力部队上前线去打鬼子的！但由于一时找不到主力部队，我就随一个八路军交通员找到了八路军驻地方抗日民主政府——蓬莱县蓬莱行署，当了通讯员。

当时，山东抗日根据地为突破日本鬼子的经济封锁和掠夺，加强对财政工商管理工作的统一领导，正在由省到县逐级设立工商管理机构，以便应对当时根据地的经济困难，开辟新的财政来源，管理对内对外贸易，调剂物资，稳定物价，扶助生产，保证军需民用。也正是因为组建工商管理队伍急需招揽人才，蓬莱行署当即将我介绍到胶东北海工商管理局工作。我是怎么也想不到，自己没找到八路军主力部队去前线打鬼子，却被政府派到了抗日根据地的大后方，走上了工商管理这条路！但是这一去可不得了，竟踏到了我毕生事业的入门砖，也促成了我走上我军军事后勤管理事业的新起点。

我来到北海工商管理局做见习会计以后，干得越来越顺手，可真是无心插柳柳成荫！我念过5年书，有4年纺织厂学徒的商务经验，加上我算账比较有准儿，还打得一手好算盘……这些过去积累的功夫，在这里都派上了大用场，使得我在北海工商管理局如鱼得水，工作得心应手。在局里，我打算盘虽然不是最快的，但是准确率高，一般都是一遍成功，大家都说我的算盘像“铁打的一样有准儿”，由此深得局总务会计的赞赏，他送给我一个“铁算盘”的绰号。

1944年，政府开始组建蓬福工商管理局。11月，北海工商管理局的总务会计把我推荐过去，后来我担任了蓬福工商管理局的总务会计，相当于现在的财务总管。当时的工商管理局，具有多种综合业务职能，兼有银行、海关、税务等多个部门职责。总务会计，负责分管下属各级工商所日常经费开支的报账、结算等工作，工作烦琐且繁重。对我而言，更是新兵担重任，丝毫不敢怠慢。那时候是战时，为便于工作和安全，我每天必随身带三件东西——手枪、账本和转袋（一种缝着许多口袋的布袋子缠在腰间，用来分装票据和现金），以便应付突发情况。我在地方政府机关和部队基层管账的时间总共有7年，这三样东西从未离身，就连睡觉都放在枕下。在那个时期，我虽没有做什么惊天动地的大事，但所经手管理的账目稳稳当当，从未出过差错。

我在工商管理局从事核算、经营管理工作期间，还有一个比较成功的实践案例。1945 年，为了响应“自己动手，丰衣足食”的号召，山东五师教导营在平度县祝沟组建了一家前店后厂的商店，我又一次承担了组织经营、管理商店的任务。我记得这个厂的厂址是山东根据地的胶县（今山东省胶州市），在那里，我帮他们建立了一套生产成本核算账，保障了他们从买原料（如棉花、布等）到生产成品（制鞋等），直至上市售卖等各个运营环节的顺利进行，挣了不少钱。在大家的共同努力下，商店生意日益红火，我也很有成就感。后来，这家商店在部队向全国大进军的时候，整体移交给地方政府接管了。

四、战时生活苦中乐　难解逼婚娃娃亲

蓬福工商管理局机关总共 40 人左右，其中女同志约占 1/3。在那个艰苦的非常时期，全局里每位同志都怀着团结一致、坚定必胜的信心，步调一致，一不怕苦二不怕死。虽然工作和生活条件艰苦，但我们在精神上是充实而乐观的。

平时的住宿方面，我们都是按部门（组或者股）分住老乡家办公，有时也多部门合署办公。关于晚上在哪里睡觉的问题，女同志一般自选和女老乡（村积极分子）住一起，男同志有条件时可按部门住老乡家土炕上或门板上，有时也集中睡在铺草上。晚上以部门为单位到炊事班打饭，共用饭具向老乡借用。

办公设备和个人装备方面，局机关的办公设备极为简单，秘书组有一个文件箱，内有油印机、钢板、蜡纸、油墨以及局机关的印章、文件、纸张等，行军时由一位挑夫挑运。其他各股的文件、账册等均分担到每个人的身上。银行金库的金条、银圆、货币、账册等均分担在指定的十几个人身上。每位工作人员个人的装备也极其简单。一般每人都是随身便装，冬天除棉衣、棉裤外，还加一个棉袍。棉袍白天穿、晚上盖，春天将棉花抽出来存老乡家，等秋天再取回棉花，把棉花放回棉袍内恢复棉袍原状。每人除衣服外还有一个挎包，内装牙刷和牙粉，一双荆条做的筷子，一个用于吃饭、喝水、刷牙的搪瓷碗，以及其他一些简单的个人用品。

局机关的驻防及其活动方面，一般多随附县政府驻在根据地，有时也单独驻防。岗哨均由县政府警卫部队负责与当地民兵联系。每天的“口令”由附近的政府或警卫部队发给。局机关人员都有战斗编组，以应付紧急情况。情况紧急时，机关要自己设岗或坐班。至于在每一驻地住多久，依情况和地域而定。情况紧急时一夜可能换两个驻地。每到一个新的驻地，都要先告知大家这个村的地形、出入通道、紧急集合地及遇袭后新的集合地，有时还要选定两个集合地。

职责分工方面，局机关虽然人员少，但大家心往一处想，分工不分家。有事时不分部门，大家通力合作。我当时是总务会计，在负责经费管理的同时，还兼了出纳、司务长，此外也参加夜间站岗、坐班、抓捕经济犯罪，还曾协同住地民兵在海上抓捕过被打散的伪军。

伙食方面，伙食标准是（按 16 两为一斤计）每人每天七钱盐、五钱油、一斤菜、一斤粮，每月一斤猪肉。此外，每人每月还可领到折价一斤猪肉的津贴费。借此，同志间常常以“打游击”（即小小的“共产”风）的形式，按你、我、他的顺序轮吃一次。

由于战时环境艰苦、卫生条件差，没条件洗漱又得随时准备起身战斗，只能和衣而睡，所以人人身上脏得虱子成堆。虱子这种东西它咬“静”不咬“动”，专在你行军休息和睡觉的时候骚扰你，使你心烦意乱，瘙痒难耐，十分可恶。有一次，我屁股被虱子咬后，抓破了皮，感染化脓，当时缺医无药，只能自己从炊事班找点儿盐，悄悄清洗一下，但也无法包扎。后来伤口越来越严重，竟烂成脐疮，烂成一个葫芦口的洞。脓血就沿着小洞往外流，弄脏了棉裤。行军时我只好把报纸垫在伤口上，将疮口与裤子隔开。再后来疮口的洞越烂越大，不时流出腥臭的脓血。无奈，我只得找了较厚一点的纸贴在疮口上。但无济于事，到了目的地将纸一揭，更多的脓血又涌了出来……后来指导员看见了，就在我们行军驻地逐渐接近独立团的时候，让我在秘书处开了介绍信，去独立团卫生队治疗疮口。卫生队的医生为我清理包扎好后，又给打了一针，这样过了一段时间，我才痊愈。

这虱子除了可恶之外，有时它也能给我们单调的行军生活带来简单的乐趣。比如，能锻炼手感和“摸”技。到了晚上油尽灯灭，我们躺在炕上闭眼聊天时，就不由自主地用指甲顺着衣缝，自下而上地摸索虱子，手感摸不到就得用指甲刮，把虱子刮出来。像我们这样合格的“摸虱高手”，总是手到必擒，收获颇丰。

一捉到虱子后，我就把两个手指用力一捻，立判虱子“极刑”。若遇到未吃饱的虱子，个头干瘪不易捻死，就不得不用牙咬扁它，我们叫“牙刑”。无奈我们衣服里除了虱子，哪还少得了虱子卵！虱子卵更小，大多藏在衣缝里不易摸到，也是不得不用牙来帮忙了。虱子被捉后，它那笨拙的憨态十分可笑，甚至是一副任人宰割的样子，让你有时也不忍对它立施“极刑”。一次，我们被敌人“扫荡”，隐蔽在一个山沟里，局机关除警卫班留两人监视敌人外，其他人一律原地待命。正当沟里安静下来的时候，我身上的虱子开始蠢蠢欲动了。我忍着奇痒，伸手从棉裤里子破口处掏出一团棉花，一看里边有两只虱子正忙得“热火朝天”。我把虱子棉花团放在手心里，像看杂技一样，看两只虱子将一团棉花蹬得翻来覆去几十个来回，乐此不疲。外面炮火纷飞，我将战争置之度外，耐心地观察它们，感觉甚是有趣，倒是忘记了身上的奇痒和漫长的时间。

除了看虱子杂技，我们甚至还吃过虱子油炒的鸡蛋！每每提起，大家丝毫没有反感，反而以此为调侃，苦中作乐，其乐融融。那一次，逢到发津贴（每人按一斤猪肉折价，是我们每月唯一的收入），我们在一起住的同志对我说，这个月该共你的产了。我向老乡买了一斤鸡蛋，晚饭后到伙房领灯油时，告诉炊事班长，我们晚上加班，多给点灯油（因一盏灯碗只能添加几钱油），回来后，向老乡借来炒菜的锅，大家就架锅、添柴烧火，将灯碗的油往锅里一倒，这时候听见有人就喊："快把灯捻捞出来！"原来也不知谁，毛手毛脚地不小心把灯捻也倒进锅里了。等把灯捻捞出来，说话之间油也热了，我在众目睽睽之下，把鸡蛋倒进锅里炒熟，翻了几翻盛了出来。大家盯得眼儿都直了，早就做好了准备，一拥而上。一阵"冲锋"之后，灯油炒鸡蛋一扫而光。大家咂摸着嘴回味着，意犹未尽，都说这次鸡蛋的味道特别的香！到第二天晚上准备睡觉时，大家又跟往常一样围着灯捉虱子，忘了是谁第一个将捉到的虱子往灯碗里一丢，灯碗烧虱子发出"叭"的一响时，大家才想起灯碗的油其实是烧过虱子的油，也就恍然大悟昨晚上吃的鸡蛋为什么那么香！敢情是用每晚攒的那些"虱子油"炒的！大家都哈哈大笑起来说，原来是虱子油炒鸡蛋呀!

在那些战斗纷飞的艰苦环境里，我们早已把生死置之度外，行军生活虽然艰苦，但我们苦中作乐，充满了乐观主义，还有坚定的革命必胜的决心。

生活艰苦我不怕，但是，有一件事突如其来，却令我真的陷入了苦恼，虽然最终事情圆满解决，但波折的过程，让我叫苦不迭。

1944 年初，我在工商管理局正是工作劲头十足又很有起色的时候，有一天母亲和三舅来了，还带着一位姑娘。管理局的局长把我叫去，说我妈和我媳妇来了，让我去接。我说："谁是我媳妇？我都没有见过面，怎么说是我媳妇呢？”我的领导说：“你妈说，你们不是早就定了亲吗？怎么不是你媳妇?！”他一定让我去接纳。我当时都蒙了，回想起来儿时的娃娃亲，大概就是我村里小学老师的女儿，姓何。无奈，我只得去见了一面。我对她的第一印象并没有什么感觉。姑娘长得很普通，但也不丑，我主要不能接受的是她没有文化，不识字。我少年就背井离乡在外奔波，跟她没有实际相处过，没有感情更没有共同语言，这一见就没把她看上眼。加之，我当时工作干得很带劲，一心想把业务干出个究竟，对这门大人包办的儿时娃娃亲一点儿都不感兴趣。当场我就向母亲和三舅表示不同意跟她成亲，然后就走了。领导又把我叫回来，和我再次谈话说：“你早就定了亲，你妈又把她送上门了，你这种态度太不像话了！”我再次表示不同意，我说我当会计，整天在外面跑，生活无定所，当前又正处于大反攻期间，任务那么艰巨，哪里顾得上结婚……总之，我提出了种种理由拒绝结婚。领导拿我没办法，只得同意我的意见。后来区政府了解了情况，给我办了解除婚约的证明。我以为这件事情就过去了，接下来发生的事情却不那么简单。

区政府里有一位领导，我依稀记得他姓于，是我老师（即这位何姑娘的父亲）的老师。这位何老师写了一封信给于领导，告了我要解除婚约的事。我老师让他的女儿把这封信交到区上。但这个姑娘不知道怎么往上交。因为不识字，她不知道信中的内容，就把这封信交给了我，让我替她转交。我当着她的面打开信一看，吓了一大跳。我对那姑娘说，你把信交给我吧！那姑娘确实很善良单纯，非常信任地就把信给了我。我当然不能把这封信往上递，就悄悄地把信烧了。后来，这件事就这样不了了之了。

这位姑娘之前曾到我家住过一段时间，我母亲很喜欢她，她们相处很融洽。无奈我的断然拒绝和解除婚约，她最终也无望地离开了我家。后来我母亲告诉我，她离开我家时，把随身用的东西都带走了，只留了一只鞋。也不知她这么做是有什么说法。

听家里说，由于我不同意这门娃娃亲拒绝结婚，姑娘也羞于回自己家。恰好当时区里各方面工作都缺人手，组织上就把她安排到兵工厂工作。新中国成立后，我曾回山东老家，村里老乡告诉我，当年你妈给你送上门的“媳妇”，后来当上了区妇女主任。在我看来，这段几经波折才得以解除的旧时娃娃亲，虽然难为了那位姑娘好一阵子，但是也由此推动她从大字不识的妇女逐渐走上革命道路，成长为一位区妇女干部，也不失为一件好事。

五、梦想成真入主力　兵法战术领会深

1945 年 3 月，组织上把我从地方的工商管理局正式调入八路军胶东军区第 13 团，在供给处任会计。我欣喜若狂，到前线去打仗是我久久盼望的！胶东军区第 13 团可是八路军的主力部队之一，司令许世友和团长聂凤智都是我军战功赫赫的红色将领。

那时候，八路军山东军区下辖有鲁中、鲁南、胶东、清河、滨海、冀鲁边 6 个军区，全军区部队统一整编为 13 个主力团。其中我所在的就是八路军胶东军区第 13 团。

第 13 团是支光荣的部队，是王牌军 27 军的源头部队，山东唯一有红军血统的部队，打仗非常强悍，在每次重大战役中几乎都担任主攻。在 8 年抗日战争、4 年解放战争中，第 13 团的足迹遍及胶东的每一个角落；从胶东打到济南、淮海，打过长江，打到上海，直至抗美援朝跨过鸭绿江。我的个人战斗和成长经历，也同样跟随这支部队的光辉足迹跌宕起伏，充满传奇色彩。

我们团非常重视战斗总结和战术研究，重视全员的战术意识普及和战术理论提升。我忘不了自己作为新兵，第一次参加战斗总结会，团长聂凤智作精彩的战斗总结，真是又新奇又受教育，让我兴奋不已。那是 1945 年 4 月，第 13 团在春节期间攻克了海阳县万第镇，消灭了投靠鬼子的中央军顽固派赵保原部，为向鬼子开展大反攻扫清了障碍。当时战斗十分激烈，个别连队伤亡较大。有的干部说怪话："一个连攻上去，下来却只剩下了半截，这不是用黄瓜打驴嘛！"团长聂凤智在总结时点评："黄瓜不能打驴，谁叫你打的？你可以用黄瓜去捅嘛，捅它的眼睛。捅不疼它，就打它最敏感的神经要害，比如指挥所，让敌人变成聋子、瞎子、瘫子！"聂团长这简短的几句话，深入浅出，句句通透，将一个深奥的战术话题讲得清清楚楚，连我这个新兵都能听得明明白白，不得不佩服这位杰出的将领。

八路军、新四军之所以能够战功赫赫，其中一个原因就是重视强化战术素养，并且这种意识已深入每个战士的心里。

1945 年 8 月，我们胶东军区第 13 团编入了新组建的山东军区某师第 13 团。不久，新四军的一个连队到胶东地区执行任务，上级要我们团开个大会欢迎他们，会场就设在村头的广场上。当天下午，新四军部队到会后，跟我们团的战士紧挨着坐在一起。我们发现，有些新四军战士开会时没看主席台，眼睛却不断往山上看。我团的战士关心地问："你们在看什么？"一个新四军战士带着疑问的口气说："你们这里，敌人来了怎么办？"我们的战士干脆地回答："上山呀！"新四军战士不解地问："这么高的山，怎么上得去呀？"我们的战士自信又自豪地说："有山就有路！"我们的战士也问他们："你们那里敌人来了怎么办？"他们也得意地说："下湖呀！"又骄傲地补充道："我们那里河道纵横，支流交错，芦苇丛生，敌人是不敢进去的！"……

可见，咱革命军队就是一个有着丰富且变幻无穷的战略战术的大课堂，才会让战士们感到如此自信和自豪！我们的战略战术，其精髓就在于灵活机动，上山下湖，各有其道，避敌锋芒，击敌不备！

灵活机动的战术是作战的根本要素和最高境界，也是克敌制胜的重要法宝。我团诱敌取胜的战斗例子，多得不可胜数。

1946 年 1 月，我团改称胶东军区警备某旅第 13 团，同年 6 月复称胶东军区某师第 13 团。我当时就在某师第 13 团教导营任管理员。这个教导营大都由连排干部组成，在第 13 团中也是战斗力很强的，打起仗来非常彪悍。

我记得就是在这个时候，日本鬼子投降后蒋介石为抢占胜利果实，调中央军第 8 军从山东青岛登陆，占领了胶济铁路沿线各重要据点。当敌人占领青岛附近城阳车站时，我军为打击敌人的疯狂气焰，并获取与敌人正面作战的经验，决定乘敌立足未稳，将我们第 13 团教导营放在敌我对峙的最前沿，要求我营在敌进攻时就地坚守，并拖住敌人1个小时，争取我军大部队由两翼向敌人后方迂回包抄，歼灭敌人。于是当夜，我营就采取了诱敌迷惑的战术，向敌人摆开了阵势，在村外放出了数个班、排，游动哨，给敌人以准备正面开战的错觉。敌人可能对这种阵势产生了迟疑和警惕，而未敢出动应战，我们成功牵制住了敌人，保障了大部队全歼战略的最终实现。战略战术贵在灵活机动。我在主力部队体会最深的就是重视兵法，讲求战术，这也是我军克敌制胜的一大法宝。

六、战力胜负见后勤　智勇善谋急先锋

兵马未动，粮草先行。强大的后勤保障能力就是战力，是赢得战争胜利的重要保证。一场战役即将开战，首先要由后勤保障人员提前将粮草运送到前线，然后才是作战部队开拔到前线，驻扎并准备战斗。战役的胜负看战力，战力的强弱看后勤。如果作战部队兵力很强大，却没有充足的后勤保障和高素质的后勤人员，恐怕也很难取胜。

我参军后，从事的工作大部分都是后勤。从战斗部队一线后勤到后勤管理、后勤教学……一辈子扎根在后勤保障这个领域，对这个工作体会至深。

后勤人员的应变能力和业务素质，是战争中极为关键的一环。

后勤人员，不仅要像前线战斗的士兵一样，有勇气、胆识和不怕牺牲的意志，而且要有深厚的业务素质和丰富的经验足以应变，有艰苦朴素的作风和精打细算的智慧足以持家。一位智勇善谋的后勤人员能够根据战场的变化，及时、妥当地协调补给保障，保证前方战斗人员的口粮和弹药，给他们持续战斗的原动力。特殊情况下，他还需要拿出跨越其他专业领域的知识，甚至是主动响应战场指挥员的协同本领。所以说，战时的后勤人员是部队智勇善谋的急先锋。

战时后勤人员的工作内容，主要是对人员、设备和物资三大方面的后勤保障。其中，人员后勤保障主要包括人员的休息、饮食、医疗等；设备后勤保障主要包括设备的维修、保养、运输等；物资后勤保障主要包括弹药、燃料、粮食等。由此，勾起了我对部队管理缴获的武器、保障行军粮草、管理俘虏和马匹的几段回忆。

缴获新型武器试射观摩

1946 年，我们胶东军区某师第 13 团在山东昌邑市丈岭镇有过一次战斗。丈岭镇是胶济铁路上的一个小火车站。国民党中央军在那里驻守了一个配备了新式重型武器的加强排。战斗打响之后，敌人的火力极为凶猛，可能就是凭借着那些新式武器进行反击。即便是敌强我弱，但我们毫不畏惧，抢占有利地形顽强进攻。经过激烈的战斗，我们全歼了这一股敌人，缴获了敌人的重型武器。

在战斗结束后，团里照例进行战斗总结。大家一致反映，在这次与国民党中央军作战中，敌人用了一种我们没有见过但火力很猛的炮！这种炮打起来一落地就是“咣咣咣”的声音，跟目前常规的战斗武器不一样，对我方的威胁也很大。拿我们救护所来说，这次就遭到敌人重型炮火袭击，造成了一定损失。过去，救护所为及时抢救伤员，总是设置在尽量靠近前线阵地的村子，并在村口通往前线阵地的路上，挂上为伤员担架引路的红十字灯笼。这种挂灯笼的方式，在过去我们打土顽（即地方反动顽固武装）和伪军时经常采用，但这次面对重型武器较多的国民党中央军，就不行了。救护所的红灯笼一挂，立即引来敌人一阵猛烈炮击，袭击救护所的就是那种重武器。敌人一串炮弹过后，为了救护所的安全，我们便将红灯笼摘下来。我们以为摘掉灯笼敌人就找不到目标了，哪知刚停的炮击又更猛烈地袭来，对救护所一阵狂轰滥炸……现在，大家都想知道，这种重型武器到底是什么样子。

我们师里为弄清情况，总结经验，提高战术，将这次缴获的各种新型武器和会使用新型武器的俘虏，一起调到教导营去做实弹射击演示。师里召集了各团所有的营连干部到射击场去观摩，要求大家从不同的角度去听，是不是在战斗中敌人打的那个“咣咣咣”的重型炮。

我当时也在射击现场观看射击，这次战斗缴获的60迫击炮和90火箭筒都摆放在射击场内。先试射的六门60迫击炮，全是三门齐射。炮弹发射后，一落地炸响，大家异口同声地喊，这就是那个“咣咣咣”的声音！后面又试射了 90 火箭筒，火箭筒在 100 米开外射击目标，将村头围墙门上 50 厘米厚的花岗岩石条炸得粉碎，穿甲弹头还钻进了石墙里面，杀伤力确实强。

这次战斗缴获的 60 迫击炮和 90 火箭筒等新式武器，都是我们部队很多指战员在与日本鬼子和伪军作战中从未见过的武器。

急先锋供补给拼尽全力

1947 年 1 月，我们胶东军区某师第 13 团编入新组建的华东野战军某师第 73 团。要说我们纵队，那可是华东野战军最锋利的尖刀部队，在解放战争中表现非常出色，先后打过孟良崮战役、胶东保卫战、济南战役、淮海战役、渡江战役、上海战役等重大战役，以敢打硬仗、恶仗和擅长攻坚而著称。我们团在济南战役中最先突破济南城垣，因此被授予“济南第一团”荣誉称号；在淮海战役中最先攻入黄百韬兵团部所在地碾庄；在渡江战役中最先突破国民党军的长江防线……

不久，我调入师教导营任管理员。对我们后勤管理人员而言，让战士们吃饱穿暖、后顾无忧，永远是后勤工作需要最优先解决的问题。哪怕是在战役最艰难的时期，哪怕搭上性命，我们也要千方百计筹措物资，保证部队的后勤供应。

1947 年初，蒋介石在华东战场上集中了 45 万的主力兵力，叫嚣着要在鲁南与我军决战，而我军也以应对会战的名义向该地集中兵力。我华东野战军充分利用在解放区腹地作战的有利条件，时南时北，或东或西，有进有退，既打又撤，用高度机动回旋的方法来调动和迷惑敌人，并于5月中旬，几经浴血奋战，一举全歼国民党军“王牌”精锐的整编第74师，这就是孟良崮战役。这场大捷是解放战争以来我军与国民党军在华东战场上一次正面的大规模较量，是打破国民党军对山东解放区重点进攻和转变华东战局的关键性一仗。

在孟良崮战役打响前夕，1947年3月，我所在的胶东部队为迷惑敌人，表面借用“东北民主联军”的旗号，快速由北海边向鲁南集中，以备大战。当时我们对外筹粮用的空白条子上，盖的就是“东北民主联军”的大印。

在那个年代，我们军队里的后勤保障员都是奔跑在炮火中的一线急先锋，可绝不是后方的材料管理员！我当时是第25师教导营管理股副股长，负责部队后勤，就是给大部队提前筹备好食宿给养。我的工作就是当好大部队的急先锋。部队急行军赶路，我全程都要先于部队提前出发，日夜兼程，而且要先于部队提前到达目的地，然后马不停蹄地落实部队的驻扎食宿等事宜，包括筹划、落实和划分各连驻区，找地方粮站为部队筹措粮草等工作。大部队一到达，马上就要休息和补给粮草，一刻也不可耽搁。这项工作不仅考验个人的统筹能力、综合素质，还非常地操劳、异常地辛苦，当然也时刻面临生命危险。因为，部队越是长时间连续行军，战士越是疲劳，对目的地的后勤工作要求就越高，我们后勤人员的工作难度就越大。

我记得自己就是在孟良崮战役前夕累昏在鲁南长途行军路上的，当时差点没醒过来。那天，在连续长途急行军之后，我先于教导营到达了目的地，将各连驻区及营部各有关单位的具体位置安排妥当，又向通讯员做了迎接部队的交代后，就去地方粮站联系以便落实粮草给养。为了抢时间，我准备将50公斤给养，从粮站径直挑回教导营的营部。虽然路程仅四五公里，但因多日连续行军和工作，疲劳过度，体力渐渐透支，在过一个山口时，我只觉得双腿发软，两眼一黑，有一股热流顺腿而下，担子当即滑落在地上……后来好在被救了过来。

押战俘敌我悬殊几度遇险

当部队前进至莱芜以北地区时，由于新泰、莱芜两城已被我军攻克，我们奉命到常庄接收5000余名战俘和50余匹军马。我们接收之时，战俘们被圈押在常庄村的河滩上，周围架着机枪，但我军看押战俘的人员明显不足，如果战俘发生暴乱就很难控制了。更糟糕的是，战俘已经两天没吃饭了，情绪躁动，近乎失控。能否让接收的这些俘虏吃上饭，成为我们的一大难题。

5000多名俘虏的口粮，就地征集谈何容易！即使能弄到粮食，要将其做成熟饭也难上加难。当地的村民因为战争，家家均无锅无灶，有的人家仅有一个炒勺，也是以煎饼为食。有的俘虏军官饿急了，就偷偷用一些私人贵重物品向村民换食物。为了解决吃饭的问题，我们请示上级批准，宰杀了几匹老马，分到各连食用。这些马肉大部分分到班组进行加工，可是战士们找不到那么多的锅灶怎么办？好在当地的水壶出奇的大，我们就借来老乡的水壶煮马肉，以解决给战俘充饥的问题。

接收战俘后，我们立即向胶东腹地平度地区转移。押送的第一宿营地叫石炭坞，是一个有 2000 多户矿工居住的大镇，第一晚就在那里宿营，天亮之后继续北上。在押送的路上，战俘队伍绵延浩荡，但是押送战士与俘虏的比例只有 1∶10，非常悬殊，行进队伍中全是战俘，简直看不见我们的战士。这些战俘大都十分傲慢，在押送中又不太配合，情绪躁动，屡屡发生冲突，以致几次出现险情，对峙的氛围十分紧张。

就在押送队伍行至张店以北地区时，我们突然遇敌机空袭，我赶紧命令包括战俘在内全员卧倒。霎时，敌机向队伍俯冲扫射，一串串子弹打在了路间、草丛和周边田地里。不巧，敌人的子弹击中了一个战俘的下身，这个家伙当即发出了杀猪般的号叫："老子为你们卖命都被俘了，你们还不放过老子，还要老子断子绝孙呐！"这次敌人突袭虽然很猛烈，却遏制了俘虏们的傲慢气焰，让他们老实多了。

施巧计驯马匹顺利渡江

1948年冬，我调入华东野战军第9纵队第25师教导团任参谋，负责团直属队的行政管理及生活保障等工作。除此之外，还要负责全团勤杂人员的教育和集训，担子一下子重了起来。渡江战役前夕，许多工作中的难题都是我从未遇见过的，其中最难的就是训练马匹。

马匹是战斗队伍中的特殊群体，它们既是日常的运输、代步工具，又是作战时的亲密“战友”和重要军事物资，其重要性可想而知。但马匹不像一般工具那样易于管控，也不像人那样易于沟通，在管理上有其特殊的难度。因此，训练好马匹一度成为我工作的重中之重。

淮海战役结束后，我军继续向江南挺进，为保障部队顺利渡江，人员、物资都不能出现差错，尤其是马匹，不能拖部队的后腿，更不能遭受损失！全团共有军马50余匹，数量多，难管理。因此，根据上级的要求，我组织全团饲养员对马匹进行包括登船、下水、走田埂在内的集训。可即便是这么密集的训练，问题还是发生了。在训练时，有一匹母马说什么都不肯上船，就是硬拖它上去，它还是要往水里跳。各种办法、软硬兼施都不奏效，这可急坏了大家。几天后母马突然产下了一匹小马，母子十分亲昵，我们才恍然大悟，原来母马怀了小马。之后母马还是抗拒上船，可能避免母子冒险是天性使然。于是，我们索性来个“将计就计”，再训练时，就让一名战士怀抱小马走在前面，这下果然奏效，母马很快起身寸步不离紧跟在小马的后面。我们就是用这个办法，诱使母马自然地跟上了船，最终顺利地完成了它的“渡江”任务。

勇往直前后勤一兵亦骁勇

战争年代，后勤非后方，后勤亦前线。干我们后勤这一行的穿行在前线和后方之间的运输线上，与敌人疯狂的火力封锁斗智斗勇，也常常会有牺牲，我们是在用生命鲜血谱写一本革命军队的后勤“教科书”。

1948 年底，在淮海战役第二阶段消灭了黄百韬兵团之后，我们团驻防宿县，指挥部命令我们：徐州之敌为逃脱被歼之命运，已弃城西逃，部队正在追击敌人，命令我团跟进追击。部队追击到拂晓，接近我团下一个宿营地——陈官庄。这个陈官庄，就是淮海战役最后全歼杜聿明集团司令部的所在地。

部队正要开进陈官庄的时候，忽然看见有一支车队开着大灯，从前方迎面而来。团里立即判断，这是遭遇我军追击部队的阻截而退回来的敌军车队！团里立即命令火力最强的三营（重机枪营）进入阵地。说时迟那时快，所有重机枪对准敌人迎头齐射，子弹像刮风一样扑向敌人，所有的车灯顿时熄灭。这一下把敌人打蒙了，不明情况的敌人仓皇转头向北退去。

因敌方的数量远远超过我团，为防止其反扑，其他各营和团机关，按指定位置进行了集结，并加紧修筑简易工事。我们团机关负责修筑陈官庄南大街上的防御工事。那条大街不仅开阔，而且街中间地势明显高于庄子周围，敌人从庄外便可将大街上的所有目标看得清清楚楚，我们立即在这里设置了遮障。遮障完成后，已近午饭时间，通讯员已与机关各单位的位置联络完毕。趁着这个短暂的喘息机会，早已疲惫不堪的我就在大街东侧一个穿堂过道的长凳上打了个盹儿。没有想到，就在这时候之前被打退的敌人开始了反扑，一架敌机盘旋空袭，投下了两枚炸弹，一下子把我震醒。我只觉得什么也看不见，伸手在脸上一摸很黏。我紧张得忽地一下坐起来，见手上黑乎乎的，原来是炸弹落在穿堂后边的池塘里，爆炸的威力很大，掀起了池塘泥水，震落了屋顶的灰土，泥水和灰土落在了我的脸上。我立刻跑到大街上察看情况。因为村里的地势较高，无法隐蔽，大部分人都在往村外跑。我迎面碰上了团政委，他问："译电员哪里去了？你马上去给我找回来。"我在村外找到了译电员，同时也看到了我昔日的战友、宣传干事胡天同志在空袭中牺牲了。他趴在水塘边上，臀部白骨全裸露在外，惨不忍睹，让我悲痛不已。

到太阳西斜时，我纵队的十几名侦察员身穿便衣，向敌人方向插了过去。此时，在村外躲避敌机轰炸的机关各部人员也都联系上了，陆续返回。我部遵照纵队电令，掩埋了牺牲的同志，很快撤出了陈官庄。

这里说说我们兵团的英勇，我们兵团谱写了许多可歌可泣的战斗历史，战士们个个都是好样的！比如 1949 年 5 月上海战役，解放上海最繁华的南京路、外滩的，就是我们兵团的部队。那张著名的解放军睡在大上海马路上，坚决不入民宅的照片，也是我们兵团的官兵。在 1950 年 11 月抗美援朝的长津湖战役中，我们兵团在装备和补给力量悬殊、极度残酷的条件下，与世界上装备最精良的部队作战一个月，打得很惨烈，付出了减员牺牲总数超过 1/3 的惨重代价。但我兵团巧妙结合长津湖地区特点，在 12 月 2 日的新兴里战斗中，创下了整个抗美援朝战争中志愿军唯一歼灭美军团级单位的战绩……

从 1945 年参加八路军至今，尽管已经过去 77 年了，我始终为自己能成为八路军、解放军、志愿军里最骁勇善战的部队中的一员，成为经受过战火洗礼的胆大心细、经验丰富的后勤保障一兵，而感到无比的充实和自豪！

七、奉命单独筹给养　入朝艰险送军资

1950年6月朝鲜战争爆发，美国立即进行武装干涉。7月13日，中央军委决定组建东北边防军，部署在东北地区，旨在维护国家安全和支援朝鲜人民的反侵略战争。7月26日，中央军委决定成立东北军区后勤部，任命李聚奎为部长，统一领导东北边防军和东北军区的后勤工作，立即着手战前的后勤保障工作。

在抗美援朝战争开始前，朝鲜战争已经进行了几个月，朝鲜的部分国土被敌军占领，许多城镇、村庄、工厂、农田均遭到敌机摧毁，能就地筹措的作战物资十分有限，因此，志愿军作战和生活需要的各种物资，主要靠中国国内供应。志愿军总部并没有建立专门的后勤部门，抗美援朝的后勤补给，当时完全是由东北军区后勤部负责组织供给。东北行政区是志愿军总后方基地，所有一切后方供应事宜统由东北军区负责。不过，后来随着战争的发展，志愿军数量的剧增，靠东北军区已经满足不了志愿军的庞大需求了。所以，志愿军总部的彭德怀、邓华、洪学智和韩先楚，就向中央建议成立志愿军后勤司令部，总管整个军队的后勤补给。但后勤司令必须由一个有威望、有能力，能够总揽全局的人担任，最后中央军委任命了洪学智担任中国人民志愿军的后勤司令，并兼任志愿军第二副司令。这样，志愿军的后勤指挥体系才建立起来。但这都是后话了。

1950 年 10 月上旬，以东北边防军为基础，组建中国人民志愿军，抗美援朝，保家卫国，立即赴朝作战。10 月 25 日，志愿军发起入朝作战的第一次战役，拉开了抗美援朝战争的序幕。

——编者注

在朝鲜战争中，由于苏联不公开参战，一开始中国人民志愿军在完全没有制空权和制海权、后勤保障薄弱的形势下，与拥有绝对制空权和制海权、保障充足且装备精良的美军展开了艰苦卓绝、激烈残酷的战斗。抗美援朝战争，具有作战双方军队技术装备优劣悬殊，战场情况变化快，物资消耗多，人员伤亡大，装备损坏率高，前后方差别小等特点。美军把轰炸和破坏朝鲜北部作为重要的战略手段，其空军力量除一小部分负责直接支援地面部队作战外，大部分调去破坏志愿军和朝鲜人民军的后方，昼夜不停地超低空搜索扫射，一人一车、一缕炊烟都不放过，致使志愿军后方的人员、物资、装备和供应屡屡遭受严重损失，我们的后勤保障工作在战争一开始就遇到了极大的困难。另外，在这个时期，志愿军打的是运动战，战术手段多变，战线不断加长、延伸，而志愿军的后勤则因缺少现代化运输工具，难以适应这种多变的作战要求，显得非常薄弱。举例说来，志愿军第一次战役达到清川江，接下来的第二次战役推进到三八线，第三次战役一直插到三七线附近。短短的 76 天，物资运输线从 50 多公里延伸拉长到了 500 公里以上，我们后勤战线的机动能力不足，跟进十分困难。加上正值隆冬季节，滴水成冰，雪凝路冻，运送装备的汽车行驶缺少防滑链条，骡马驮载物资缺少冰掌，武器开战也急需冬季润滑油，战士更缺少御寒装备……这些直接影响了部队的战斗力。面对巨大的困难，我们后勤战线只能硬着头皮上，从实战出发，想办法找对策，不怕牺牲，千方百计保障部队作战。

1950 年 10 月，第 9 兵团北调山东，11 月 1 日加入中国人民志愿军序列，解放军第 9 兵团转而成为志愿军第 9 兵团，紧急入朝作战。当时，第 9 兵团面临的第一个困境其实不是强大的美军，而是酷寒的天气。由于第 9 兵团长时间在华东地区驻扎，军队并没有囤积冬装，加上这次入朝作战任务急、时间紧，更没有时间准备御寒衣物和给养，导致许多生于南方且长期在南方作战的将士根本无法抵御东北的酷寒天气，大量士兵手脚被冻坏，身体出现严重损伤。

不仅是部队的装备和给养跟不上，当时志愿军的后勤干部和后勤人员也严重不足，远远不能保障志愿军出国作战的需求。为缓解这一矛盾，中央采取紧急措施从华东、华北、西北、中南军区抽调干部，参加和协助东北军区的后勤工作，我就是其中一员。1950 年 10 月，我奉命留在沈阳的东北军区后勤部，独立负责第 9 兵团与东北军区后勤部的外协外联工作，主要是保障第 9 兵团先期入朝所需给养的筹措、军委临时配属给第 9 兵团的给养供应等工作。这些任务，难度很高又非常繁重，我独自承担，压力很大，所以工作起来也是不分昼夜，拼尽全力。

列车冒险运物资

抗美援朝战争，由于我军没有制空权，铁路、公路和桥梁等重要交通线被美国空军猛烈轰炸，后勤保障特别是物资运输极为困难。白天，中国军队的物资是无法送达前线的，物资运输只能在夜间走走停停。后来，志愿军后勤部门在洪学智的领导下，力求高效地组织、调配，克服了一些问题，勉强使总数 6 万人的后勤部门有序地供应了百万大军。

1950 年 11 月 25 日，志愿军发起第二次战役。这个时期，志愿军采取派出后勤分部、组织兵站线等方式，对各兵团实施保障。通过总结第一次战役的得失，志愿军的后勤保障力量有所增强，后勤战线系统由第一次战役时的 3 个后勤分部、7 个兵站大

1950 年秋，孙曰修入朝前拍摄

站、12 个分站以及若干医院、医疗所等组织架构，发展为 4 个后勤分部、9 个兵站大站、13 个分站及多所医院、医疗所。但由于部队作战机动性大，后方供应线延长，敌人对后方破坏严重，当时的后勤保障体制常常跟不上部队的作战需要，后勤工作的困难更多，危险更大，任务也更重了。

正是在那个时候，我带着押运军需物资和慰问品的火车入朝。当时，我正坐在军需列车的守车车厢（尾车厢），在火车途经吉林通化市的老爷岭山洞时，列车声音异常。只见列车长半个身子探出车窗向前张望，神情异常紧张。他告诉我，列车一出山洞就是一个大下坡，并且是连续的急转弯，铁路两侧都是山崖和深沟，因为地形险要，翻车事故很多，列车下完这个大陡坡，所有的刹车片都会被磨成薄片，到下一站要全部更换。正说话间，只觉得车头急剧下沉，车体倾斜，列车刹车发出刺耳的钢铁摩擦声。当时气温已接近零下 30℃，而列车长却紧张得满头大汗。我透过车窗看到车轮与铁轨摩擦得火星四溅。列车长说：“坏了！要‘放羊’。”事后他告诉我，列车刹车到了极限仍控制不了车速时，列车就出轨了，叫“放羊”。

我问车长："这么陡的大坡，回来上坡怎么办？"他说："回来需要两台机车，前拉后推，还要在铁轨上撒上防滑的细沙，列车才能上来。"

列车经我国吉林集安，从朝方的满浦车站入境，又行驶了五六十公里就到达了朝鲜的江界车站。我看到站台上的"雪"很厚，脚踩上去扑腾、扑腾的。"是面粉！"兵团后勤部的同志说。原来是一列装运面粉的列车遇到了空袭，整列车的车皮被炸毁。兵团后勤部的同志告诉我，炸坏的车皮刚被拖走。又向我介绍，上级指示增建后勤分部，以增强战区的后勤力量。据此，我们后勤部按照工作分工作了新的划分，我们科的人编入后勤第四分部。当时四分部的钟羽一部长正在前指（即前线指挥所），我表示要随车继续前行，到第四分部前指去接受任务。

新设野战中转站

列车前行到达朝鲜的熙川火车站，在车站东北三四公里的地方找到了四分部前指。前指的同志告诉我，这里是敌机封锁的重点目标，就是夜间敌人也不放弃空袭，并且常投一些定时炸弹，给在车站装卸的部队造成很大威胁和损失。不过，美军的空袭夜间比白天少得多，而且轰炸扫射的命中率也低得多，于是，志愿军的各级后勤部门和分队，就把主要工作转入夜间进行，以提高效率，减少损失。前指领导决定，派我在前指与车站之间设立一个新的野战中转站。每天夜里，前指都会派 4 辆专门从火车站转运物资的汽车，先到火车站把从火车上卸下的军需物资转运到我们这个中转站，由我们进行卸货、隐蔽堆放和清点保管，然后伺机调派负责前线运输的车辆，来我们中转站接货、装车，以便在尽可能避免空袭的情况下，把军需物资直接运达前线。

前指领导指示我："现在人员短缺，前指先分配给你 5 名刚参军的上海学生，命你们马上到达指定位置准备接收物资，有事直接与前指联系。"我当即带领 5 名学生兵到达地图标注的位置，就近找到一个独立房屋，放下背包就进行库区地形勘察，着手这个新中转站的总体布局，确定进入库区的道路、线路，物资堆放场地……说老实话，我从来没有在这样困难的条件下设立一个大规模的临时野战转运站的经验，心里非常忐忑。

确定了新中转站的总布局后，我布置了每个人的具体分工和指定位置，并强调了"物资安全为主，工作方便为次"的工作要求。然而，新转运站的物资如何堆放、如何隐蔽是一大难题。因为天寒地冻无法动土作业，我们就利用地形、地物稍加改造，作为隐蔽堆放地点。物资堆放处的选址原则是，率先利用天然形成的沟、坑、渠、地坎，选择尽量靠近山沟背阴面的边坡下部位置，且该位置有足够装卸车辆的倒车空间和出入通道。此外，我要求大家对每车装卸和堆垛的物资，都要认真清点数目，做好记录。当新转运站一切就绪后，我便组织大家检查了各自携带的用具，抓紧时间休息，准备晚上执行任务。大家都是初次执行任务，既兴奋又害怕，根本就睡不着。

黄昏时分，是避免空袭和转运作业的最佳时间。正如预期，4 辆汽车全都在黄昏之时到达，于是，大家各自带车到达指定位置迅速展开工作。待一夜紧张的卸车工作完成后，天已放亮。我检查完各处物资堆放点的隐蔽情况和防空措施后，才召集大家坐下来总结当夜工作的情况。大家聚集到一起互相对视后，都笑了。原来，每个人的口罩都成了一个冰疙瘩，哈气由鼻梁两侧直冲向眼睛，睫毛上挂着雪白的冰碴子，一眨眼睛，上下睫毛就被拔掉了。那一时刻，完成任务的欣慰，让我们忘却了身心的疲惫和危险。

一般情况下，一整夜的紧张装卸结束，大家可以在早饭后短暂地休息片刻。我却不敢休息，坚持每天去前指联系一次。晚饭后我必会到库区检查物资隐蔽和包装情况。因为一旦发现物资包装出现破损的情况，便须按要求将其单独放在一处，待将包装修补完善后才能上垛堆放。为了管理方便，我还要求大家对每垛物资进行编号、建卡。

连续几天下来，大家虽然疲惫但是工作情绪高涨不减，还纷纷出主意想办法，提高工作效率。比如，我们库区的雪地经过汽车一夜的反复碾压后，又硬又滑，经常有连人带货摔倒在地的情况。不知是谁想出了主意，在鞋上捆几圈草绳，此法防滑很有效，大家纷纷效仿。还有就是我们聪明好学的学生兵，看到朝鲜人用爬犁在公路上运东西，觉得既省力又有趣，于是都去做爬犁。为了做爬犁他们有时连觉都不好好睡，饭都不好好吃。我看到他们每个人都做了一个爬犁，心里对他们的工作悟性和积极性感到高兴，就跟他们开玩笑说："这几天敌机在车站上丢下了许多定时炸弹，你们看看谁做的爬犁最好用，就到车站去把这些炸弹运回来。"在部队行军中，这些爬犁还真当了好帮手，我们将背包等行李放在爬犁上拉着走，确实省力又好用。

经过一段时间的艰苦努力，我们隐蔽在转运站山沟里的物资有了一定的规模，数量越积越多。一天晚上，前指突然调来了好几个车队，一共 20 多辆车，命我们立刻组织将物资装车以便迅速运往前线。由于我们这个新建的中转站经验不足，对大批空载汽车集中到达的引导和分流措手不及，导致大批空车一下子都堵在了沟口外，无法有序驶入装货通道。而且我们原先设置的能同时装车的货位，只有五六个，远远不能满足 20 多辆车快速装货的需要，这下可真把我们急坏了！因为之前，我们只按照可供 4 辆汽车装卸的货位条件作了布局，只针对那种运输车辆少、装卸次数多的情况，把工作量分散到一整夜来分批完成。没想到现在几个车队 20 多辆车一起到了，都争相要求本车队的车辆先装车、上路，而我们的布局条件、人力效率都十分有限，拥挤而混乱的现场还时刻面临空袭的危险……当然后来也恢复了装车秩序，我们最终完成了装货任务，但这是一次严重的教训！事后，我们经过认真反思和总结，及时调整和改进了布局设置和工作方法，逐步深化了对大批车辆集中装货的应急措施，也为以后的工作积累了更多的经验。

在那段时间，我们没日没夜地奋战，每人每天至少工作14—16 小时，大家都疲惫不堪。一天收工回来，我坐在老乡炕上等着吃早饭，忽然觉得眼前发黑，慢慢地什么也看不见了，失去了知觉。数分钟后，我慢慢地醒了过来，发现自己满身虚汗，小便也失禁了……我缓了缓，低声对大家说："你们快吃饭、休息！我有点不舒服，你们不用管我，我不吃了。"那几个年轻小伙子这才观察到我的身体状况很差，说："唉，我们不知道你累晕过去了，还以为你刚才是累了，闭眼不愿说话呢！"

运食盐遭遇汽车私溜

随着第三次战役的推进，第一分部的兵站前移，我们第四分部的兵站也跟进前移。我们这个只有 6 个工作人员的中转站，也由朝鲜熙川向前推进到柳中站，接收了后勤第一分部的位置和物资。第一分部在此设站时间较长，物资数量比我们第四分部多很多，但遗憾的是因移交当天大雪纷飞，有的物资早已被大雪掩埋，白皑皑一片根本找不到了……这次交接使我们又积累下许多后勤工作的经验和教训。

1951 年 1 月 25 日，志愿军发起第四次战役。战争打得很艰苦，美军飞机疯狂轰炸，志愿军没有防空力量，作战攻防交替，战线伸缩不定，战场变化急剧，道路、仓库屡遭破坏，当地无粮筹措，后勤高度分散，物资供应更为困难。

当我们推进到朝鲜的芥川地区时，前指命我带领两辆运食盐的汽车到东线永兴地区与第 26 军联络。我得到的指令是：第 26 军现在部队供给十分困难，给养殆尽，急需这批物资，第 26 军驻扎的具体位置可到兵团后勤前指去了解。于是，我带领两辆运盐的汽车连夜出发，向兵团前指方向奔去。一路上不断听到沿途防空哨、鸣枪报警和敌机的轰炸、扫射声。这一路，汽车司机的精神异常紧张。当到达兵团后勤前指时，我下车前嘱咐司机先在指挥所外面等我一下，等我问明地址再上路，司机勉强答应了。当我问到第 26 军驻扎的地址冲出来时，发现两辆盐车已将盐全部卸下，汽车正在调头。他们这是要私自溜跑！我急了，拼命跑着追上去，几步就跳到后车驾驶室门外的踏板上，一只手紧紧拽住车门，另一只手不断地敲打车窗玻璃。我大喊："你们不能走，还没有到达目的地哪！"司机完全不理会我的呼叫，非但没有停车，反而把车开得更快了。我也拼了命，坚决不放手，继续一边大喊一边用力敲打玻璃。说话间，他们的车已将我拉出有一里多路。我渐渐没了力气，也知道他们是铁了心要跑，拦不住。无奈，我只好对司机喊："停车！停车！让我下车回去！"汽车戛然而止，我跳下车，汽车绝尘而去。我快速返回到刚问过路的前指，报告上述突发情况。前指立即将此情况向分部作了报告，并建议我先休息，晚上他们派车送我到第 26 军。当晚，我被送到第 26 军后，受到非常热情的款待。军长还破例接见了我。军长说："我们自入朝以来，一直都联系不上你们，我们现在什么给养都没有了。你这批盐来得太及时了，战士们已经有半个月没有吃到盐了。"我把离我们第四分部最近的兵站位置告诉了他们，他们也将后勤位置告诉了我。自此以后，我和 5 个学生兵又增加了一项为兵团所属各部队发放全国人大慰问猪肉的工作。

赴梅县采购猪肉分发至部队

11 月，第 9 兵团各部全部入朝作战之后，领导又给我加了一项新的任务：全国人大慰问第 9 兵团全体指战员每人一斤猪肉（有 20 余万斤），并将提供猪肉的任务批给了吉林省梅县（现梅河口市），领导命我马上赶赴梅县负责此批猪肉的采购和运送工作。我二话不说，立即将粮秣账目、单据结完，做好收支对照表，封存在留守处备查。出发前，科长刘崇海已将几张编号的第 9 兵团空白"关防"交与我备用，我随后按东总（即东北军区后勤部）的批示，乘火车到吉林省梅县与当地政府取得了联系。

县领导决定将该任务交给县联社办理，但办理此事的县联社竟向我们索要佣金。我立即用第 9 兵团的空白"关防"填写了兵团《公函》送到县里。函中大意是："此项任务是全国人大给我团入朝作战全体指战员的慰问品，东北军区特将此任务落实给贵县。据悉，贵县办理此事的县联社要收取佣金。这样一来，再加上运输费用和路途损耗，最终到达战士手中的宝贵物资能剩几何，望贵县深思酌办。"县长收到此函后，亲自深夜到访我住的招待所，表示县里不会向志愿军收取任何佣金，这让我长舒了一口气。

凭借多年从事部队后勤工作的经验，我考虑到：要确保每一位指战员吃到猪肉，这批 20 余万斤的猪肉，应当不含头蹄和猪下水（内脏）。于是，我又向县长提出：希望这批收购的全部是猪肉，不要猪的头蹄和下水。我解释道：因为朝鲜前线山高路险，气候严寒，敌机空袭频繁，部队野炊十分困难和危险。如果收购猪的头蹄和下水，先不说运到前线的艰险成本，在战场上对这些进行清洗和加工处理就是一大难题……希望县政府给予支持和协调。县长听了非常支持，回去后立即动员全县收集猪肉，为保障收购任务的完成，还规定市场上只准销售猪下水、猪头和猪蹄，不再出售猪肉，猪肉用来全力保障前线军需。在全县父老乡亲和当地政府的倾力支援下，我仅用十余天的时间就圆满完成了部队的猪肉采购和运送任务。

我们到达位于朝鲜江原道的龙岩里兵站后，全国人大慰问的猪肉已先我们到达，散放在一条干涸的小河边。当时这个兵站刚刚组建起来，兵站的番号我不记得了，职责是负责物资的装卸保管，而物资的调拨仍由分部业务部门的代表负责。有一件事让我很内疚，就是我负责购买的这批 20 余万斤猪肉，到达时只有总重量，没有标明每头猪肉的重量，导致给部队分发时无法参照每头猪肉的重量。这事责任在我，在当初征购时，没有对梅县提出按逐头生猪标记重量的要求，所以现在给部队分发造成了困难。正发愁之时，后勤科长送来了一杆秤，大家一开始非常高兴，可是仔细一看，这秤只能称 300 斤的物品，而东北的猪吃粮食，长得个头大，每头重量都在 300 斤以上，最大的有四五百斤，用这个秤无法称量。无奈，我只好一面请示上级能否征用更大的秤进行称量，或者在估算人均份额的前提下将整头猪分发给各单位自行拆分，一面组织大家合计其他办法。经过冥思苦想，大家想出一个增加秤砣重量的办法。就是找一块与秤砣重量相等的石头加在秤砣上，试着称 600 斤的物品。这个办法的思路是正确的！但每次称物，无论秤多秤少，实际重量总比星上显示的多 7 斤。大家正犯愁，突然有人想到，这 7 斤的重量就是从秤星到秤钩一段的秤杆自重差，众人恍然大悟。就这样，在以后的称重中，我们就在每秤显示的重量上再加 7 斤，得出猪肉的实际重量。依照此法，我们顺利完成了这批 20 余万斤猪肉的分发任务。

集众智烘干淋湿大米

第四次战役阶段，志愿军在总结入朝作战后勤工作得失的基础上，继续充实后勤保障力量，后勤战线系统增至7个后勤分部、24个兵站大站、39所医院，以提高物资供应的保障。

1951年4月22日，志愿军发起第五次战役。5月，中央军委决定成立志愿军后方勤务司令部，统一管理志愿军在朝鲜境内一切后勤组织及设施，统一指挥配属志愿军后方的各部队。志愿军副司令员洪学智兼任后勤司令员。后勤供应由总后勤部及各大军区后勤部直接负责。

1951年7月10日，交战双方进行停战谈判。从此，朝鲜战场形成了敌对双方边打边谈、军事斗争与政治斗争交织进行的战略相持局面，战术也从运动战转变为阵地战。志愿军结合持久作战的需要，利用战线和后方相对稳定的有利时机，全面加强了后勤保障建设。

1951年夏，我们后勤第四分部新组建了第19兵站大站，上级调任我为大站管理股副股长。该站主要由热河省承德县的县区地方干部组成，县长张志臣同志任大站站长。当时大站的所有成员中，只有我和军械股长是军队干部，其他同志来自四面八方，他们对军队的规章制度、部门关系、上下级关系都很陌生，大家只能一边工作一边磨合。在此阶段，我有意识地在工作中鼓励和发挥同志们的聪明才智，积极征集和采纳大家的建议。我印象深刻的是民工工友提出的一项关于如何快速烘干被雨浇湿大米的应急办法。

那是我们第 19 大站成立后的一个阴雨连绵的深夜，站里来了两辆满载大米的汽车。由于突降暴雨，车上未盖苫布，两车大米全被淋透了。大米一旦被淋湿且不能及时晾干，很快就将发霉发酵，那将是我们后勤物资多大的损失啊！当时暴雨过后，到处泥泞，苦于我大战的库区已无寸干之地，无法将大米摊开晾干，大家都非常着急。当时，我们机关人员和民工工友们睡觉的地方还没有被淋湿，铺位都还是干燥的，于是民工们主动提出，他们每人领一袋大米回去，自己想办法弄干后再送回来。原来，他们将领回去的大米，放在自己睡觉的干燥的铺位上，先铺上雨布或床单，再将米摊开晾干水分，白天用扇子扇去湿气，睡觉时躺在大米上，用体温烘干湿气。工友们的这个办法十分有效，后来大站全体人员都如法炮制。三天后，两汽车大米全部被晾干，颗粒归仓，并最终被送到了前线部队。

历史充分证明：我志愿军之所以能在武器装备严重落后，且美军肆无忌惮地对我交通线狂轰滥炸的情况下，还能前赴后继地从国内向前线源源不断地运送物资，并最终保障了这场战争的胜利，就在于人是决定战争成败的关键因素。

八、见仁见智保供应　愈挫愈勇真英雄

战争拼的不仅是士兵的勇敢和战术出奇制胜，还有后勤物资的供应能力。在朝鲜战场上，后勤物资就是战斗力，就是胜利的保障。没有后勤物资，志愿军就不可能立住脚。

入朝作战前期，敌人抓住了志愿军后勤跟不上的短板，同时利用空中优势，对我志愿军的运输线进行狂轰滥炸，以其所长攻我所短，企图通过打垮我军的后勤，从而争取战争的胜利。从我国境内到三八线有上千公里的距离，美军从一开始出动1000架飞机到后来出动2000架飞机，对这漫长的交通线日夜不停地轰炸。美军的飞机整天在头上轰炸，刚开始，在朝鲜公路上行驶的每100辆汽车中就有40辆被炸毁。尤其在敌人发动的那场规模巨大、时间持久、手段多变的“绞杀战”之后，敌人进行了更加疯狂的封锁和轰炸，几乎切断志愿军后方交通运输线，无差别摧毁后方设施，造成我军后方运输和供应系统损失巨大，志愿军的作战力量遭受破坏。

——编者注

1951年8月，敌人发动“绞杀战”，大批飞机昼夜不停地反复轰炸志愿军后方的交通道路及设施，疯狂摧毁各条路线上的每一辆卡车。有一天，汽车团的副团长马德孟（原是我们教导团的教育长）带着6辆车往前方送物资，途经我们兵站时，我们还简短地交谈过几句。可是没想到第二天他就回来了。我问：“为什么这么快就回来了？”他一边哭一边说：“车被飞机打掉了。”我问：“打掉了几辆？”他说：“6辆全报销了！司机战士也牺牲了！”我压住内心的悲愤，安慰他说：“咱们损失的人员和车辆太多了，这就是敌人的凶残！我们一定要想方设法完成运送任务！”

敌人的封锁，使后勤供给异常艰难，许多部队只得自己向当地老百姓借粮。我兵团为解决粮食问题，也紧急通过我驻朝鲜使馆向朝鲜政府借粮。朝鲜政府将借粮给我团的任务，落实到东海岸咸镜南道地区的地境。当地政府同意借6000吨大米给我9兵团。领导便把这一任务交给我去办理，还配给我一个16岁的小翻译。

我们到达地境后，朝鲜地方各级委员会都十分支持。粮食是现从各家各户集中起来的。在进行工作期间，我们遇到敌机对地境火车站西北方向的一个目标的大空袭，上百架次飞机整整炸了一天。人民军高炮阵地上的指战员，在炮弹全部打光后，不得不弃炮撤离阵地。当天击落敌机有十多架。我们看到野外有一架被击伤的敌方飞机，落在我们和被炸目标中间的稻田里，周围跟来了十余架敌机围绕降落的飞机四周不停地轰炸扫射，任何人都不能靠近降落的飞机。大约半小时后，敌方来了一架直升机，就地修理，但还是飞不起来。最后他们只好将飞行员接走，炸毁了那架已经飞不起来的飞机就收队了。

在我们征借大米的任务将要完成时，遇到了铁路运输困难的问题。我去地境火车站找朝鲜人民军驻站军代表。军代表听后，说："近来敌机轰炸十分疯狂，已有的桥梁均遭破坏，就是抢修后一旦通车，也要优先保证给苏联运铝的列车通行。"我焦急地说："前方志愿军现在已经断粮了，运送粮食十万火急。那运铝的列车能否让我们一下？"他严肃地回答："不行！"他告诉我，朝鲜人民军是用铝来向苏联换取军需和弹药的，双方都是有协议的。不过他又说，会尽力想办法帮我。

我紧紧咬住军代表这一线希望，不达目的决不罢休。经过反复商议，他终于同意我们将志愿军的粮食先运到火车站等候，一旦有车皮到达可立即装车起运。我回来便与地境负责人商定，先将大米运到火车站，等待车皮。为防敌人空袭，米袋是沿铁路路基两侧码放的。因为朝鲜的米袋子是用稻草编织的，堆放在路边就跟抢修铁路的沙袋一模一样，敌机不太容易分辨。

朝鲜的老百姓干活非常麻利，大米装车时他们有一套既防空袭又便于装车的好方法，大大缩短了列车在站台停留的时间，降低了遭遇空袭的风险。他们先是将一列列空车的车皮（车厢）分开，一个人用撬杠撬着一节车皮的后轮推着每节车皮前进，让车皮拉开距离并滑出站台，以避免车皮在站台停留时遭遇空袭。他们很熟练地推动这些车皮使分段装大米，流水作业，效率很高。这些车皮分开的速度由慢渐快，而且越来越快。随后，他们快速地把大米分装到各节车皮。干净麻利地完成装运后，他们又用撬杠撬动车皮，将各节车皮迅速连接起来。当装好大米的车皮再次滑进站台时，就会与前车自然碰接在一起，让人不得不佩服朝鲜老百姓的智慧。

就这样，我顺利完成了6000吨大米的借粮任务。

1951年底，我军的军需供应状况逐渐好转，特别是根据朝鲜战区的地理环境和作战特点，后勤保障系统采取了分区供应与建制供应相结合的体制，在战争实践中显示出其优越性，综合保障能力明显提升，并起到了扭转物资供应被动局面的作用。1952年9月，志愿军向朝鲜政府全部归还了所借的粮食。

成功应对敌军细菌弹

1951年12月，我被任命为第19大站后勤处副主任，兼任卫生队队长。1952年初，敌人在我军前方战场实施“绞杀战”的同时，竟不顾国际公法，在朝鲜战场上对我军使用生物细菌武器，投撒大量带有致病细菌的媒介动物。

1952年1月，我们第19大站机关驻扎在一个叫芦福里的村庄附近的山沟里，芦福里位于朝鲜东海岸元上市的南边。一天夜里，我听见有敌机又照常来骚扰，敌机还是一直在我们驻地上空盘旋，不同的是，这一次还有东西从高空落地的响声，但没有听到任何爆炸声。天蒙蒙亮后，我和几个同志踏着雪跑去察看，远远看见有一颗炸弹完好地插在雪地上。炸弹虽未发生爆炸，但是弹身已裂为两瓣，似乎有什么东西已从炸弹里面撒落出来。我们靠近仔细查看，发现撒出的东西竟然是跳蚤。当时由于雪地严寒，地面的雪有 10 厘米厚，许多跳蚤散落在雪地上已呈冻僵的状态，失去了活动能力。

过去我们曾听说美军有细菌武器，但在此之前从未亲身经历过。经大站领导判断，极有可能是敌人对我们使用了细菌武器。情况紧急，大站领导立即向上级报告。上级领导回复我们：这就是敌人的细菌炸弹，命我们立即对涉及地区实施封锁，该地区的所有人员均不得离开驻地，严禁任何外部的人员与车辆进入，上级将立即派防疫队到我大站做防疫。

此后，我们大站机关所属人员迅速被封闭在细菌弹所在的区域。我站位于山沟内的主副食仓库等处所，也都被圈在了封闭区域内。此时，大家忐忑不安，有些人还出现了恐慌和悲观的情绪，引发了小部分人的躁动。此刻，身为后勤处副主任兼卫生队队长的我，满脑子想的都是必须在这个已经被封闭的区域内，迅速将细菌弹所在的核心污染区，与我们被封闭的人员、处所进行二次隔离！在上级防疫队到达之前，我们决不能坐以待毙，决不能让敌人的细菌扩散、传染到我军的人员和物资！于是我主动请缨，担负此重要事项。

我向大站领导汇报了我的应急处置思路：从地理位置看，我大站机关的驻地在山沟的左侧，山沟的右侧有一条小河，这条小河因水流湍急而尚未冻结。通过观察现场，我看到细菌炸弹的落点正好在山沟的中间，由此我决定，尝试利用这条水流湍急的小河作为天然隔离屏障，即便有细菌跳蚤掉入河中，湍急的河水也会把它们冲散、冲走。于是，我带领几个身强力壮的人绕到了小河的上游，从那里快速挖出了一条紧贴大站机关驻地的新河道，再把小河的水引到了新河道里。这条新河道的位置，正好将细菌炸弹所在区域与机关驻地一分为二隔开。虽然新河道只有 30 多厘米宽、10 多厘米深，但湍急且奔涌不息的河水，起到了不断冲走细菌和污染物的作用，对防控和封闭隔离细菌弹所在的核心污染区十分有效。由于当时我们沉着冷静地采取这一措施且及时处置得当，对防控细菌扩散以及稳定封闭区内人员的恐慌情绪，起到了至关重要的作用。

就在敌人投放细菌弹的第二天早晨，我中央人民广播电台就播发了新华社揭露美帝国主义置国际公法于不顾，骇人听闻地使用细菌武器的重要新闻。随后，我军在朝鲜战场开展了轰轰烈烈的反细菌战斗争，国内也随即展开了大规模灭蝇、捕鼠的爱国卫生运动。

燃烧筒空袭大站损失惨重

志愿军在转入阵地战后，全面加强了后勤建设，对保障阵地攻防作战的胜利起到了重要的支撑作用。后勤系统基本没有发生因粮弹供应不上而影响作战的情况，不仅保证了各部队的给养供应，而且各军、师都成立了供销社，日常生活用品的供应也大有好转。志愿军还开展战地种菜和副食品加工，自力更生做豆腐、发豆芽等。国内运往战区的物资品种更加丰富，部队官兵的生活得到改善，不仅吃饱而且逐步实现吃好。

1952 年春，由于我前方战线比较稳定，后方反敌封锁措施也比较有力，各部队及后方兵站、仓库经过累积储备，物资在数量上达到了一定的规模。但是，从 1952 年 6 月开始，敌人连续对朝鲜北部展开了无差别的大规模空袭，兵站和补给仓库是敌人重点摧毁的目标之一。敌人这次长达数月的摧毁性狂轰滥炸，给志愿军造成了严重破坏。

6 月的一天，敌机突然开始对我大站所在地进行猛烈轰炸，大站所属的仓库及分站的设施，均遭到志愿军入朝以来最大规模的破坏。

这次空袭不同于往常。这次，敌机紧贴着山沟的底部进行超低空飞行，专对我军物资垛进行密集轰炸，大量地投掷燃烧筒。敌机投掷的这种燃烧筒一旦落地，就会爆炸燃烧，火焰猛烈且难以扑灭。这些燃烧筒还可以深深钻到物资垛里面，在底下暗火燃烧，从外面看不见明火，可是当把燃烧筒从物资垛里扒出来后，它就开始猛烈地燃烧，很难扑灭。这种燃烧筒是埋在土里火就灭，扒出来又强烈复燃，用土埋的灭火方法不奏效。所以，敌人在前边狂轰滥炸，我们就跟着在后边灭火抢救，并将扒出来的燃烧筒集中到无害的地方，任其自燃殆尽。这次空袭，敌人出动了上百架次飞机，被我高炮击落多架。我大站库区损失惨重，在抢救物资的战斗中，有 5 名民工被炸，牺牲在洞里。我们所居住的洞子也全部被炸塌，我自己的衣物也被烧光，只抢出一条烧掉了半截的毯子。

圆满完成后勤保障任务回国

1952 年 7 月，我接到回国的调令，调我到中国人民解放军后勤学院深造学习。我就带着从火场中抢救出来的半截毯子，背着背包，离开了抗美援朝血与火的战场，踏上了回国的新征程。1952 年 8 月 1 日，我在归国途中经过朝鲜的首都平壤。在那里，我首次看到我志愿军空军为保卫大同江大桥的激烈空战，也是我空军和地面部队首战告捷的震撼场面，令我永生难忘。这次空战发生在 8 月 1 日即八一建军节当天的中午时分，敌我双方除了有 300 多架次飞机在空中厮杀，地面还有很多炮兵部队协同作战。平壤当地观看空战的人，遍布山城。那天天气晴朗，人们从地面就能轻易识别出敌我飞机的特征。特别在拉烟层的追逐，逃脱开炮，飞机中弹、坠落，飞行员跳伞等各种状况，我们在地面就能看得一清二楚。所以，每当看到敌机追击我机时，大家都紧张得大气不敢出，每当我机追击敌机和击中敌机时，大家就一阵欢呼雀跃。当时那个场面，真正形成了地空呼应，人机合一。大家全神贯注，就算空中爆炸的炮弹皮落到身上，也毫不在意。这次空战以我军大捷而告终。我还从战场上拾到了被击落的美军飞机零件——两个小轴承。我一直珍藏至今，每每看到它，就仿佛回到了那个让人热血沸腾的时刻。

也是在这一天，我怀着豪迈而激动的心情，跨过鸭绿江，回到了祖国的丹东。

1953 年 7 月，《朝鲜停战协定》签字，抗美援朝战争结束。12 月，中央军委副主席彭德怀在全军高级干部会议中指出：“朝鲜战争的经验证明，现代战争如果没有后方充分的物资保证，是不可能进行的；后方有充分物资，如果没有强有力的后勤组织工作，以保证第一线的充分供应，是不能取得战争胜利的。”

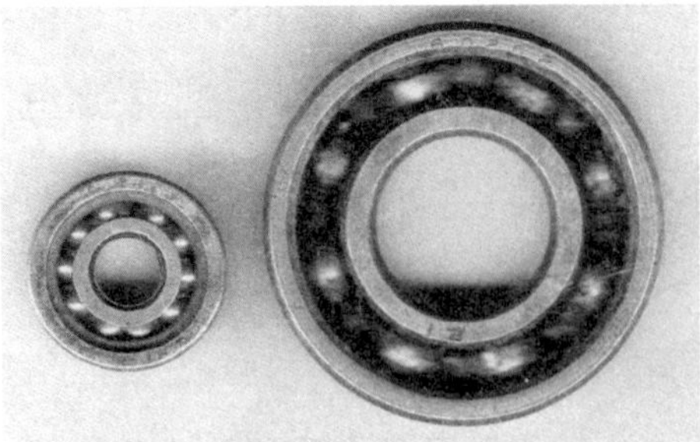

1952 年 8 月 1 日，孙曰修在平壤战场上拾到的轴承零件

每每忆及此，我总

是欣慰不已。作为一名革命军人，我凭借顽强的革命意志、不怕牺牲的勇气、善于斗争智慧，终于在朝鲜战场上圆满完成了上级交给我的艰巨的后勤保障任务。

九、赴越调研乔装扮　战前勘察预评估

1955年，美国以提供军事援助为手段，企图变南越为美国的殖民地和军事基地。美国军用飞机也不断侵入中国海南岛地区和云南、广西上空，投掷炸弹和发射导弹，打死打伤中国船员和解放军战士。越南胡志明和越南劳动党发起了“保卫北方，解放南方，统一祖国”的抗美救国斗争。在越南抗美救国战争期间，根据中越两国政府签订的协议，中国人民解放军从1965年4月起，陆续派出了地空导弹、高炮、工程铁道、扫雷、后勤等部队共计32万余人，在越南北方担负防空作战，修建和维护铁路、公路、机场、通信设施、国防工程和沿海扫雷等任务，为越南提供大量的军事装备和作战物资，培训大批军政干部，从道义上、物资上、人力上无偿地支援了越南的抗美战争。

为组织好部队开进和顺利抵达目的地，并及时展开施工和作战任务，我军派出了军事代表团和勘察人员先期赴越，与越方具体协商援越部队在越南工作、作战和生活等有关事宜，并按照预定任务对作战、施工地区进行实地勘察和调查。

——编者按

1965年7月，我参加中国人民解放军总后勤部入越体验生活小组，入越秘密执行战前后勤实地勘察调研等任务。我们小组一共5人，还成立了一个临时党支部。我组是跟随参加援越抗美的铁道兵第13师，从北京乘火车出发，到贵州的贵阳换乘汽车，经贵州安顺、云南昆明至蒙自。部队在蒙自进行了换装和各项教育工作，历经一个月的休整以适应气候。按部队要求，我们每人都是发过了一次高烧后，才被允许过境进入越南的。

出境前，我们每人都发了一套没有军衔的蓝色旧式海军军服，一顶越式钢盔一样的凉帽，一双塑料凉鞋，一盒蛇药和一个装有常用药品的药盒。

8月初，我们小组一行5人随铁道兵第13师的某团，从我

孙曰修身着发放的蓝色旧式海军服、凉帽，脚穿塑料凉鞋，于越南河内附近某气象站附近勘察情况

国河口进入越南老街。该团的修路地段由越南老街，经越南河江至我国边境，约 150 公里长。我随该团一连的官兵，住在越南老街东约 5 公里的一个小山包上的旧工棚里，工棚周围挖有 1.3 米深、0.6 米宽的环形交通壕。

首先，我们要摸清越南当地的气象情况，最好是带回相关资料。我们跟随的那个连是四四制编制（即一个团辖 4 个连，一个连辖 4 个排），共有 200 多人。在从山下通往越南河内的道路上，还驻扎有我军总参工程兵部队的官兵。他们告诉我，从他们的驻地向东不远处有越南的一个气象站。通过他们，我认识了越南气象站的人。我通过该站得知，此地周围山区气候变化很复杂，该站每天都记录相关气象数据并向当地通报。为了获取更多的相关资料，我便对他们说，我们队正在附近施工，因此我需要经常来询问和了解本地的气象情况，请他们配合。他们答应了。自此，我经常去气象站抄录气象资料，回来整理成报告，并全部带回了国内。

其次，我们要摸清当地的粮食蔬菜品种及种植条件，试验并论证能否靠当地种植来保障供给，以备战时部队之需。越南的夏天，地表温度通常都在 45℃以上。刚到越南的时候，我试着在驻地的小山坡上播种从国内带去的多种菜籽。第一批种上去的菜籽，刚出芽就被太阳晒死了。因为此地地表的温度接近 50℃。地面的土，夜间是湿的，到了中午就晒成一层硬壳，刚出土的嫩芽就被地表的干土给烫死了。第二批再试种时，我在地里给菜籽苗搭上凉棚遮阴，这样菜苗就晒不死了。待嫩芽长大后，不怕太阳晒，也就可以不用凉棚了。经试验后我得出结论：大白菜若八九月种上，大约春季就可以收获了。

越南当地条件艰苦，以水稻、木薯、南瓜和空心菜为食。农村群众生活较贫困。我见过有种稻子的人家，但实属不多。大多数农民是挖木薯吃，此物不太难吃，越南遍山都是。越南人打比方说，在农村要是做饭，先把锅里的水烧上，再到外面去挖木薯，等拿着木薯回来，锅里的水可能还没烧开。条件稍好些的越南老百姓，一般也只能吃南瓜和一种叫“无缝钢管”的菜（空心菜）。我曾听一个工程师讲，他上次来勘察线路时，是越南政府的人陪同吃饭的。在物资短缺的情况下，越南人准备了好几个菜，其中竟然还有肉菜。我们的一个同志，想吃肉但又不好意思吃，就一个劲儿吃南瓜。越南人招呼他吃肉，他推脱说自己爱吃

勘察小组与铁道兵某团一连官兵同住的旧工棚，位于越南老街东约 5 公里的一个小山包上。孙曰修拍摄

南瓜……这下可尴尬了！此后每到一处安排吃饭时，越南人都说，中国人喜欢吃南瓜，要多弄些南瓜！

再次，我们还要为驻军提供应对湿热气候、疾病、毒虫侵害的办法。当地气候炎热，湿度大，易生疱疖。有一次，我看见一连从国内带来十多麻袋辣椒面。我问连长，为什么带这么多辣椒面？连长说：吃辣椒可以排毒祛湿，连队每顿饭做菜都要放七八斤的干辣椒面，半年就需要 2000 多斤。

此地虫类颇多。连队的炊事班驻扎在山下小河边上一个用毛竹搭成的简易房里，为的是做饭取水方便。有一天早晨起来，我忽然看到炊事班的房子不见了！跑到近前一看，房子已经倒塌了，但是很奇怪，倒塌的废墟上没有瓦砾，而是一堆像纸片样的残留物。有人告诉我说，这种竹子搭起来的房子，一旦被白蚁吃空了，只剩下皮了，就会这样倒塌。我当时就想起在后勤学院当教员时听越南班学员说过的事，当地的白蚁连汽车轮胎和炮弹都能啃咬！

在越南对人们威胁最大的是毒蛇、毒虫，而且数量多。这对怕蛇的北方人来说，紧张程度可想而知。有一次连队的人全都出工了，我一个人坐在工棚里的小凳上看文件。猛然抬头见一条大蛇已将头探悬在对面沟边上，大半个身子晃悠晃悠地，想从我对面过沟。所幸沟太宽，它暂时过不来，我立即躲开去找长棍。等我拿着棍子回来，蛇已掉到沟里了。自从我来这里以后，已遇到多次类似情况，有三四条蛇都掉在壕沟里了。入越之前，在蒙自适应气候的时候听人介绍得知，某部的一个卫生员，夜里起来出去小便，因没有将蚊帐出入口压好，等他回来时，蛇已进入帐内。卫生员在朦胧中被蛇咬了，因不甚疼痛，没有呼叫，等天明时人已经死了，蛇还在帐中。我们此行也是要勘察地形和寻找应对措施，尽量避免官兵被毒虫袭击造成损失。

另外，我们要勘察当地民情。当时，我援越部队与当地群众基本没有往来。初到伊始，我们部队放电影时，请当地群众来看，但他们不敢来。因为越南当地政府对群众控制得很严，不准群众与我们接触。在这里，也有许多在越南的华人，越南人称作

1965 年 8 月，我连官兵在山上驻地自行搭建新的简易工棚。图为孙曰修拍摄战士们正在晒制土砖

华族，他们仍保持着中国传统的老风俗。比如，我看见过一对男女走亲戚。男人戴着中式礼帽，穿中式大褂，女人则化着浓妆，上身穿中式大襟短袄，下身穿长裤，扎着裤脚，裤外套着百褶裙，仍保持着中国内地 19 世纪 20 年代的习俗。此景在我们国内，只能在影视剧里才会看到。

12 月中旬，历时 5 个月的勘察调研任务总体完成。我接到回国的通知，当即分别与铁道兵第 13 师所属团和连里交换了意见。之后，我们小组一行 5 人乘汽车，经广西百色到南宁乘火车回京。在经过广西百色时，我突发高烧 39℃多，组长要我留在军分区养病，等病好后，由军分区送我到南宁。后来，由于我坚

1965 年 8 月孙曰修随铁道兵第 13 师某团一连入越执行任务。孙曰修拍摄的该连官兵

持要一起走，组长临时决定给我打了一剂退烧针，并商定：若第二天继续发烧，我就留下；若是不发烧了，我就跟大家一起走。万幸的是，第二天我退烧了！最后，我们组全体组员一起顺利回国。

截至 1973 年，中国支援部队的官兵与越南军民并肩作战，用生命和鲜血捍卫了越南北方领空和领土的安全，保障了越南北方交通运输的通畅，使越南人民军得以抽调大批部队支援南方人民的作战，帮助越南人民取得了抗美救国战争的胜利。在整个越南抗美斗争期间，中国政府给予了大量援助，包括各种武器、服装、药品、食品等，有 1100 多名优秀中华儿女为此献出了宝贵的生命。1973 年 8 月，中国的援越抗美参战部队完成任务，全部回国。中国支援部队援越抗美战争的光辉业绩，将永远铭刻在中国人民和越南人民的心中。

——编者注

十、下放干校蒙冤屈　苦行数载终平反

1963 年 2 月，我任后勤学院后勤教研室教员。

1966 年，“文化大革命”开始。1969 年，我被集体送到中国人民解放军总后勤部贺兰山“五七干校”，简称总后贺兰山“五七干校”。

总后贺兰山“五七干校”建于 1968 年。1949 年 9 月，中国人民解放军接管了宁夏银川贺兰山东麓的一个军马场，并将其改名为西北军区军马场，后改称贺兰山军牧场。1961 年 10 月，贺兰山军牧场划归中国人民解放军总后勤部军马部，改名贺兰山军马场。1968 年 10 月，总后勤部在此建立总后五七劳动学校，也就是总后贺兰山

总后贺兰山“五七干校”营房。孙曰修拍摄

“五七干校”，将贺兰山军马场划归干校领导。从此，总后五七劳动学校除了为部队繁育优良的骡马，还增加了屯垦戍边、农业生产等任务。

“五七干校”把我们这些从后勤学院去的人编为第二队。第二队下设几个班组，包括种菜班、大车班、养猪班、清淤班、养鸡班、炊事班等。我在二队一排一班，被指定为班长，班里共有十几位女同志。我们一班是种菜班，日常劳动主要是种菜。我们种菜班主要种西红柿、黄瓜、辣椒、茄子、西瓜等。由于肥料充足，我们种的菜特别好，在二队是出了名的。特别是我们种的西红柿，又大又好吃，黄瓜可以长到二尺长，还被送到总部去展览过。

“五七干校”的劳动强度比较大，我们这些下放进行“劳动锻炼”的同志，每天都不得不用高强度的体力劳动，来冲淡自己精神上的郁闷和委屈。劳动强度最大的是每年的冬灌、清渠劳动。

种菜班的同志在菜地劳作。孙曰修拍摄

冬灌是在十一月份干渠停水之前，将所有收割完的农田全部用大水足足地浇灌一次，这样在土地开始封冻之后，土壤里的水分能够保持到来年春耕春种，对农作物的生长十分有利。这是一项系统性、创造性的工作，需要分工协作，统筹进行。我们先将通向大田的水渠、斗渠清理、整修好，接着把大田收拾平整，将田埂上的鼠洞堵好，等一切就绪之后，才能向大田放水进行浇灌。为使分工明确、职责清晰，我们视地块的不同面积，将每一块地进行了区分和标注，并设 1—2 人负责管理。管理者的职责：一是巡查田地外沿的田埂，确保不跑漏水；二是一旦决口，马上要报警，并下水堵漏。

清淤，就是要清掉整个冻淤层。西干渠是主要排水干渠之一，全长 112.7 公里，黄河水沿着西干渠流向贺兰山间的田地，供人们开荒种植，引水灌溉。由于黄河水流经西干渠，西干渠常年淤积了许多泥沙。为确保农田用水畅通，每年都要为西干渠清底除淤。时值“三九”“四九”严冬，渠底被冻硬的泥沙层约有 60 厘米厚。当时我们种菜班所用的工具，只有钢钎、撬杠和 12 磅的大钢锤。也有少量的镐头，用镐头的人可以单干，持有其他工具的人要组合协作。体弱的多扶钎，体壮的打锤。我们班用镐的同志们肯吃苦又会干活，所以整体进度和效率都很高，平均一人一天能掀掉 10 多平方米的淤泥冻块。多年以后我遇到曾给我扶钎的搭档胡绍恕同志（后勤学院后勤教研室主任），我们回忆起那段艰苦的清淤工作时，他说：“老孙，当年你那一锤子砸下来力度很大啊，我手中的钢钎虽往下走，可就是土冻太硬了，钢钎下去太难啦。”我对他说：“你看我当时将大锤举起来，可不是叫它自然落下来，而是双手也借力向下捶它一下，给它一个加速度，否则钢钎哪能捶得下去呀！”

我们有很多苦干加巧干的事例。有一次，我们需要给菜地打一口水井。首先，要人工挖开一个直径 2 米、深 4 米的井筒，以便开动半机械化的打井机，进一步打井作业。我们两个男同志，一鼓作气，叮咣叮咣，一夜之间就挖好了井筒。我们干活很生猛，就拿如何把从井底挖出来的土运到地面来说，我们不是把井底的土一点点运到地面，而是人站在井底，直接用铁锹铲上土，奋力将土向上扔出 4 米高的井口！而后再从地面，一并将井口的土移走。

艰苦的条件，也逼迫我们学会保护自己的体力。宁夏地区 11 月夜里气温很低。下水时要先脱掉鞋子、棉裤，下到水里，

严冬时节，二队在清理西干渠冻淤层。孙曰修拍摄

腿像刀割的一样。我一般是背个水壶内装白酒取暖。有一次见一个同志冻得难以支持，我把水壶递给他说："喝口水暖暖吧！"他说："不，不！我不渴。"我把水壶盖打开，将水壶口放在他鼻子下，他一闻，猛然醒悟，一把抢过水壶就喝起来，还一边喝一边说："好水！好水！"

1970年春，农田肥料不足，队里决定进入贺兰山找岩洞掏鸟粪，并由以前在军马场"支左"的同志作为向导带我们进山。第一天，在向导同志的带领下，我们出发向一个叫回回井的地方行进，晚上驻扎在马场所建的一个放牧点（我们以后进山的人都住在这里）。第二天，我们进山，并开始顺沟底走。走了一段时间后，望见不远处的左边山崖上有一个山洞。我们粗略估计山洞的容量不大，决定暂不上去。当走到沟底向左大转弯时，山势突然险峻起来。向导同志告诉我，这是一条"只有猎人才能走的小路"，比较难走，但是我们只能走这条小路才能到达。我们沿着这条小路蜿蜒而上，到达山头的顶部（这是后来我们建索道最后一段的起点），又向前走过了一个小岗，山势突然变低了（这是后来索道不能连接了，需要人力上岗的一段），前面有一条向左的山沟，沟右边是一段崖壁。我们改道向右，手脚并行地向上"四条腿"爬行，直奔山顶。向导同志说："刚才走的那段路非常危险，曾经摔死过马。有一次，一匹马顺着小路吃草，边吃边走，忽然到了尽头，马想回头却转不过身来，结果掉下山崖……”

说话间，我们爬到了山的顶部。向前望去，对面的断崖上，有一个巨大的山洞，可是面前隔着一条山沟，下不去，我们只好从右边绕行，艰难地爬到了那个巨大山洞的左上方，此时这个位置应该是进洞的最佳路径。虽然，进洞的直线距离较近，但从断崖往下入洞地势陡峭，步步艰险。向导同志问我：“怎么办？”我说：“下！我们先从侧面看好下崖的路线，对较难走的关键路段的每一个踏脚点都得看清楚、盘算好、确定好！”当我们愈发接近计划的落脚点时，由于灌木和石头遮挡，我们难以看清地势，也无法确定落脚点了。向导同志又问我：“现在怎么办？”我说：“无论如何，我们已经接近洞口了，就是没有踩稳，万一掉下去也不会受什么伤，不会影响工作。”我鼓励他说：“我先下！你在我后面下，看我的动作，找不到踏脚点就叫我，我会用手帮你的脚找踏点。别害怕，就算你掉下来，我还可以拉你一把或为你垫底……”当下到离地面两米左右，我怎么也找不到踏脚点，就顺崖壁滑了下来，还算安全着陆。向导同志在我上面找不到踏脚点，不敢往下落脚。他喊我，我就在地面张开双臂，鼓励他跳下来，告诉他我会接住他。可能他实在太害怕了，说什么也不跳，两腿抖得愈发厉害，不断地大声叫我。我怕他掉下来，就移过来一块大石头垫在脚下，双手刚好够到他的脚，把他的脚托起来，使他平稳地从断崖下到了地面。

我们走进了山洞，此洞口不很高，不时有野鸽飞出飞入（我们给它起名叫鸽子洞），但越往里走，洞越高、越大，洞顶最高处离地有数十米高，有一个小洞直通山顶。经观察，我们发现，洞底有很厚的动物粪便和风化土，可能大部分都是蝙蝠的粪便。

这些发现让我们非常兴奋，我们马上作了评估和取样。巨大的收获让我们心情愉快，归途也应景地顺利起来，虽然崎岖，但大都是顺沟而下，遇到几处陡崖，靠着随身携带的绳索，也轻车熟路地安全到达驻地。

听了我们的汇报，队里决定抽调部分力量上山取肥。队里认为，有鸟粪更好，就是风化土也要。于是，我们一队十六七个人，带着工具、面袋、绳索等物品，浩浩荡荡地进山了。在山里，我们设置好了途中临时驻扎点。我带几个同志先行一步，为的是给大队人马清理沿途的爬山小路。我们几个先遣同志携带工

向着山顶的索道支架，小队努力往上攀爬。孙曰修拍摄

具、绳索依次向山上攀去，凡路过的险处，都一一作了安全处理，即明示了落脚位置，设置了保护设施。在一处绝壁路段，我还拴上了保险绳，做了固定。在攀爬脚踏点，我们作了清理和修整，反复踩踏试验后，才放心地返回了临时驻扎点。

第二天，全队人集体出动，就连负责做饭的炊事员也出动了。大家情绪很高，都想看看这神秘的鸽子洞。一路上，大家边走边议论，人声鼎沸。可一踏上那条“只有猎人才能走的小路”，就听不到说话，只听见大家急促的呼吸声了。每到一处有险情和设置了安全设施的地方，我都叫大家停下来，先作详细的说明并提醒攀登此处的注意事项，再帮助大家逐一通过。走到那段横穿断崖的地方时，我让大家停下来，自己先走了一个来回，给大家作了避险的示范动作，再护送每一个同志依次穿过了断崖，最终大队全体人员安全抵达洞口。进洞后，大家到处察看和研究，都十分高兴，也很兴奋。大家稍作休息，吃完干粮后，都背上半袋鸟粪，原路下山返回驻地。

经过好几天的攀爬和背肥作业，大家都累坏了！那几天，被汗水浸湿的棉衣、棉裤从来就没干过，但是背下来的粪肥总量不尽如人意。因为我们每人每次只能背 15 公斤粪肥，一天也只能背下来 200 公斤，照这个节奏，大家要背上好些天才能凑合装满一个拖拉机的车厢斗，进度实在太慢了。大家都很着急，我想着一定要再找一条好走的下山路。两天的时间里，我一人在原有路线的左右两侧攀登了另外三条路线，但路况更糟糕，有些地方甚至青羊都走不过去。

我没有灰心！经过反复勘察和研究地形，我想出了架设空中索道的办法，大家一听都很支持。于是，我设计了索道运输方案，正式上报队里，没想到队里很快就批准了，并给购置了几大捆 8 号铁丝。我们完成了备料、选址，空中索道就开工建设了！我们用三四天的时间拉丝并打桩固定，之后又顺利完成了制作滑钩和安装索道等工作，很快空中索道全部竣工。投入使用后，一袋鸟粪经过了四段索道的滑行，仅用十几分钟就可以滑到山下，运送到大本营。就这样，我们仅需要一天，就能为拖拉机备好一满车的粪肥了。

此后，我们的工作就轻松多了，我们甚至还能够抽出时间去巡山、打猎。运气好的时候，收获颇丰，我和另一个同志就打过一只 40 公斤的青羊。那时候，我也是身强力壮的好青年，下山后吃完中午饭，一个人就能背起青羊，一口气走个二三十公里路，把青羊送到队里。

在种菜和搬运粪肥这阶段的工作中，由于我和大家都非常注重安全问题，所以没有发生任何安全事故。大家团结一致，克服重重困难，圆满地完成了各项任务。

我在总后贺兰山“五七干校”度过了两年多的光阴，虽然干的是体力劳动，但是心理压力大。因为，即便是终日艰苦的体力劳动让人疲惫不堪，也不能排遣我内心的郁闷，不堪回首的是那一段没有政治尊严的日子……

1972年9月28日，中国人民解放军总后勤部贺兰山“五七干校”党委宣布了《对孙曰修同志的平反决定》（以下简称《决定》），为我去除了种种“莫须有”的罪名，给予平反。《决定》明确了“把孙曰修同志硬打成”“一个所谓的‘王述臣现行反革命集团’成员”，并“强加上所谓‘散布反革命言论’等等莫须有的罪名”是错误的。《决定》还强调，“现已查明，所谓‘王述臣现行反革命集团’是一个彻头彻尾的大假案”；给“孙曰修同志强加的种种罪名纯属栽赃陷害和政治迫害”。《决定》当众宣布：“给孙曰修同志政治上彻底平反，恢复名誉，销毁一切黑‘材料’，肃清流毒。”

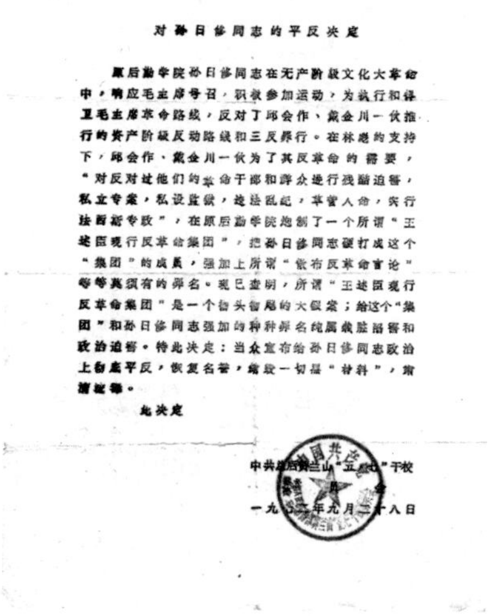

对孙曰修同志的平反决定

原后勤学院孙曰修同志在无产阶级文化大革命中，响应毛主席号召，积极参加运动，为执行和保卫毛主席革命路线，反对了邱会作、戴金川一伙推行的资产阶级反动路线和三反罪行。在林彪的支持下，邱会作、戴金川一伙为了其反革命的需要，“对反对过他们的革命干部和群众进行残酷迫害，私立专案，私设监狱，违法乱纪，草菅人命，实行法西斯专政”，在原后勤学院炮制了一个所谓“王述臣现行反革命集团”，把孙曰修同志硬打成这个“集团”的成员，强加上所谓“散布反革命言论”等等莫须有的罪名。现已查明，所谓“王述臣现行反革命集团”是一个彻头彻尾的大假案；给这个“集团”和孙曰修同志强加的种种罪名纯属栽赃陷害和政治迫害。特此决定：当众宣布给孙曰修同志政治上彻底平反，恢复名誉，销毁一切黑“材料”，肃清流毒。

此决定

中共总后贺兰山“五七”干校
委员会
一九七二年九月二十八日

《对孙曰修同志的平反决定》

组织上终于给我摘帽平反，我恢复了政治名誉，重新回到后勤学院工作。但迟到的公正，终究追不回逝去的人生年华，这段回忆成为我一生中的痛。

十一、青藏艰险显勇毅　磨砺玉成格尔木

1971 年 8 月，我被分配到中国人民解放军总后勤部青藏兵站部格尔木大站，任副站长。我到青藏兵站部报到时，兵站部的领导告诉我："格尔木大站所属有三条运输线，共 2000 多公里。东线为西宁至格尔木约 800 公里，沿途 6 个兵站；北线为格尔木至柳园兵站约 600 公里，沿途 5 个兵站；中线为格尔木至唐古拉兵站 600 公里，沿途 6 个兵站。现在的兵站与咱们抗美援朝时的兵站不同了，那时的兵站只管物资收发、转运，不管汽车部队的食宿。现在你们的兵站不管物资，只负责汽车部队的食宿。其他情况，等你上去后就知道了。"

于是，我乘坐从大站到西宁开会、返回格尔木的车赶赴格尔木。途经的第一站是倒淌河兵站。这个兵站在日月山的南侧，是当年文成公主进藏时经过的地方。这里的河水不是东流入海，而是向西流入青海湖。途经的第二站就是江沟兵站，此处也是青海湖南岸的油菜籽种植基地，西宁和格尔木的汽车部队及部分机关单位在此驻有经营分队。每年到油菜开花时节，全国各地的养蜂

厂家都将蜂箱送到此地，待花期一过，他们就收走酿着蜂蜜的蜂箱，满载而归。从兵站向北望去，青海湖一片碧波围绕海心岛涌动，美丽的风景让人心旷神怡。继续向西就到了第三站——茶卡盐湖站，此地设有盐厂，半机械化生产湖盐，规模宏大。这里的湖盐是原生态的结晶体，堪称大自然鬼斧神工的艺术品。其大块结晶，像水晶石山一样的好看。盐无须晒，直接从湖水里捞出来即可食用。我们兵站就设在茶卡盐湖的北边。第四站是都兰站，都兰是个县，整个东线最大的一个城市，兵站就设在市内。第五站是香日德兵站，也是一个较大的镇，附近有一个劳改农场。第六站是诺木洪兵站。此地也有一个比较大的劳改农场。这个兵站靠近诺木洪河，水源充足。从诺木洪兵站出发，沿柴达木盆地向西约 150 公里，就是格尔木大站。

格尔木是一座新兴的城市，地处青海省柴达木盆地南端，属

孙曰修（左二）常年奔波于青海西藏多条运输线及沿途多个兵站

于高原大陆性气候，具有气温较低、昼夜温差大、日照时间长、降水量少的特点。出于国防上的需要，格尔木地区的相关军事单位比周边其他地区单位发展得更好、更快。格尔木大站，也作为这些相对发展较好、较完善的单位，不得不根据实际需要，将一些社会性的服务机构和设施纳入格尔木大站的机构中运行与管理，这就形成了格尔木大站众多不在编又不可缺少的分支机构和下属单位。这些单位，虽然能帮助格尔木大站做好为兵站服务的工作，但也在机构管理和资源分配方面给大站带来了一些矛盾和问题。

后来随着发展的需要，东线兵站交由西宁兵站转运站管辖，格尔木大站管理布局也随之变为“一点两线”。一点，为大站机关及其所属市区内的三个仓库、三个招待所、四个连队等 17 个单位；两线，即北线和中线的沿途兵站。

据 1976 年的全年统计，整个大站接待量为 275 万餐次、发放各种物资 10 万吨、主副食加工 38 万吨、采石 1000 立方米、铺路 700 公里、烧石灰 240 吨、自产煤 2 万吨、打煤砖 150 万块、制瓦 5 万块、烧砖 98 万块、新建营房 2.6 万平方米、营房总量 12 万平方米、维修营房 1 万平方米、修围墙 1 万米、生产蔬菜 825 吨、腌咸菜 52.5 吨、自产肉 38.5 吨、存栏猪 600 余头、存栏牛 1639 头、存栏羊 6380 头、打鱼 10 吨。

提议修温室，以解吃菜难

1971年9月，在格尔木大站的首长办公会上，我请命带格尔木地区的部分兵力，去兵站下属的都兰生产队参加麦收。这是我上高原后首次参加劳动。

这次参加麦收的人力为四个排。第一天进度是每个排约25亩，但有的排收麦子不够干净，生产队第一天脱粒万余斤。第二天，我们调整了力量，安排了推土机等机械设备，准备开足马力，加快收割进度。没想到都兰地区的向日卡公社主任来借推土机。因我兵站生产队正用推土机脱粒，公社主任要求兵站借给他们一台小的机械与我们换用，我答应了。谁知，他又提出了由兵站为公社修水渠的要求，并说军队种地不修水渠是侵占民利，等等。

我了解相关情况后，回驻地立即给站长写信，汇报此情况，并提出建议："我们高原部队最缺乏的是新鲜蔬菜，粮食可以由内地运输过来，但是蔬菜必须自己种植。种植需要水源浇灌，兵站目前没有自主水源。今天，看到了当地公社的态度，用水的条件和代价都较高，且有很大的不确定性。如果用水不能自主，我兵站的都兰生产队继续存在下去有困难。目前，这种水资源挤兑和公社卡脖子用水的现状，是我们不能接受的，请考虑予以解决。"

麦收结束后，我回到格尔木见到了站长。站长说："你的意见，已提交大站党委研究过了。党委同意你的建议，决定撤回都兰生产部队，拟在格尔木兵站附近建立一个蔬菜温室。"就这样，我提出的第一个有关改善兵站生产与生活的建议，被采纳了。

冰雪浸衣骨，铸就高原魂

格尔木地区平均海拔 2780 米，地面植被生长稀疏，空气稀薄，含氧量仅为平原地区的 50%，人极易缺氧，甚至有生命危险。

1971 年 10 月，我参加修筑库区道路的劳动。当时，我一连挥镐刨地十几下，因连续用力，立即就感到呼吸困难，眼前发黑，心跳加快，四肢瘫软，几乎倒地晕厥了。幸好旁边的同志看到我要摔倒，一把夺过了我举在空中的镐头，否则后果不堪设想。同志们提醒我，这就是空气稀薄和供氧不足的明显表现。后来我去温泉兵站蹲点时，同志们还告诉我，有一年，西藏军区接新兵的车队刚到站，一个新兵可能不知道缺氧的危险，车还没停稳就快速从汽车的后挡板上跳下来，当时就倒在地上，抢救无效死亡了。所以在空气稀薄、供氧不足的地方，动作宜慢。在平原地区，你看到野外有一只兔子，你大喊一声，它可以一气儿跑得不见踪影。但在中线二道沟兵站，兔子见到人后会往前跑一段路，然后就停下来，回头看你。你要是向前走，它就再往前跑几步。这也是当地空气稀薄的条件，使它们有了这方面的生存经验。

因长期坚持高原工作，我们的兵站干部大部分都患有高山反应引发的多发病。如唐古拉兵站，1976 年的一次调查发现，患有心脏病、高血压、低血压、腰腿病等的人员占全站人员的 25.6%。不仅如此，我们的生产生活还会因汽车动力不足，柴油发电机功率下降等受到很大影响，而且食用水烧到 70℃就开锅了，没有压力锅根本就煮不熟饭。

高原光照时间长，紫外线强，对有些农作物生长是有利的，但紫外线太强对人身体的辐射伤害就太大了，特别是长期在野外作业的人，脸都晒得黝黑泛绿。强紫外线会使木质、油漆、棉织品、包装皮盖布等脱脂、脱皮、漏水。仓库中数千元一块的大盖布，不到三年就脱脂、漏雨，报废了。

高原冰冻期来得早，封冻时间长。兵站的蔬菜都是从其他省份运上来的。其他省份的冬储大白菜上市晚，菜运往高原，途中就冻透了。菜运到兵站后，切菜不能用刀，得用斧子。冻透的菜就是入了窖，来年春天也极易腐烂。

从不冻泉到唐古拉山口，永冻层有数百米厚，就是夏季也只能融化三五米的表层。冰冻造成的困难有很多：一是兵站吃水多靠从河、湖中取水、拉水，直到 1976 年夏仍有三个兵站和一个连队靠拉水过日子。唐古拉兵站 1973 年打过一口机井，一停止抽水，井口就冻死，报废。沱沱河兵站1971年打过一口深8米的机井，由于水质含镁超标，不能饮用。五道梁兵站也打过一口深水井，水是苦的，不能饮用……二是兵站的营房多建在冰冻层上，因住人后长期烘烤，引起冻土融化，地基下沉，导致营房无法使用。三是抽水式的消防车在这里无法使用，因封冻层地区是无法通过抽水取水的。

在高原地区工作出行，翻车是常有的事。1975年5—6月，昆仑山上下了两次大雪，5月的那次有一尺余厚，给部队的出行和运输安全带来严重的影响。我从西宁开会回格尔木途中，意外获悉吕副站长在五道梁翻车受了伤，便前去探望。记得还有个部队医院的院长驱车去西宁，也在途中翻车了，伤势不轻。当时他满脸都是血，即便这种情况他还叮嘱司机："你千万不要告诉我爱人，要不会吓到她的。"

1975年，我又到中线各兵站跑了一次，一直到唐古拉山，整整16天，专为解决煤矿另寻新址的问题。现有煤矿因多年开采，已坑深坡陡，近乎报废，不能继续开采了。为此，我带人在二道沟兵站东西地区探寻新矿并勘察道路。我们总共去了7个人3台车，人人都很干练。我们在野外奔波了6天，有3天是在荒野露营，还爬了近6000米海拔的山。走冰川过沼泽的艰险与磨难，让我感到，好像生活又回到过去艰苦卓绝的战争年代。

有一天，吉普车行驶到一块沼泽地的边上，忽然前轮陷进去

寻找煤矿途中风餐露宿。孙曰修拍摄

了。我从车上跳下来，脚一落地就向下陷。我知道这时候必须两脚飞快地交替踏步捣着，才能控制住不下陷。我一边捣着脚，一边大喊：“大家快下车！”待大家小心地下了车，车的前保险杠已经看不见了，后轮还没有进去。我马上组织拖车抢救，用 2.5 吨的炮兵牵引车将车拖出了沼泽地。此处沼泽地很特别，从表面上看不见草和泥，完全与干河床上的沙滩一样，地下面是永冻层，每年夏天到七八月只能化冻 3—5 米深，但这个深度足以淹没我们的车子了。

一天下午，我们的车开进一个山洼里。当我们的车子刚一露头，就看见几只兔子突然从草丛中窜出来。大家马上喊着数兔子，一、二、三……兔子很多，数到三十几之后大家就数乱了，我们还开枪打到了几只兔子。我观察了一下周围地形，这里是一个不大的洼地，草长得十分茂盛，有 40—50 厘米高，草地中间有一条小河，环境不错，我们决定在这里生火做饭，饭后就在此露营。据说此地常有狗熊出没，为了安全起见，我们将两台带篷布的炮车车尾对接起来，就睡在对接的车厢里。

次日，我们驱车沿着沱沱河直奔通天河。我们找到几块曾被挖过的煤坑，煤质和前几天在二道沟以西找到的差不多，但没有形成煤层线，是一窝一窝的鸡窝煤，没有开采的价值。那天唯一的收获是临返回时，无意中捡到一块珍贵的海螺化石。

这一路上，我们多次遇到野羊群、野马群，每群都有上百只。有一群野马在我们的左边行进，它们看到我们之后不是远离，而是和我们车队平行奔跑，向我们挑战。我们加速，它们也拼命加速，直到超越我们，从我们前面横穿而过才肯罢休。

奋楫担使命，励精格尔木

1975 年 8 月，在西宁兵站部开会时得到通知，调我到西宁转运站任站长，并要求于 10 月 5 日到职。我立即从西宁赶回格尔木，从早到晚用了 10 个多小时，连续跑了 800 公里。但是，一回到格尔木，情况就发生变化了。西宁转运站站长不肯走，兵站部只好将我留在格尔木大站任站长。

1976 年 2 月，我从中线回到格尔木。这次上山的目的，一是春节期间去看望部队；二是了解和检查各兵站迎接车队的准备情况；三是到煤矿了解生产情况，因为它是兵站生活取暖和做饭

孙曰修（左二）带队在格尔木兵站东南侧山沟勘察地形

的重要能源。

1976 年 4 月，我送代职干部到中线兵站工作，顺便在温泉兵站作了 20 天的调研工作。其他兵站仅住 1—2 天，于 5 月 7 日返回格尔木。

1976 年 6 月，我拟写了向总后勤部编制调查组汇报的《提纲》，摘录如下：

一、格尔木大站所属 28 个大小单位，散布在 1000 多公里的公路沿线上。因组织架构中没有设立营级单位，各基层单位一有解决不了的大小问题，都直接反映到大站上来，使大站陷于烦琐的具体事务之中，影响了其重要职责的履行。

二、干部长期坚持高原工作（有的在中线坚持了 10 年之久），体质较差。经统计体检结果，病情严重的干部竟有

40 余人。体质差，也是造成高原干部复转早，难安置的原因之一。

三、战士（主要是兵站战士）体质下降快，因高原反应所引起的各种疾病较多。

四、编内外职工为 142 人，其中有严重病情的人员比重很大。有的同志多年不能参加工作，无法妥善安置。

五、大站机关编制人少，不能满足基层单位多且地点分散的特点。例如：大站现有营房 528 栋，超过 12 万平方米，需要充足的后勤管理人员。但目前后勤编制放在供管科，仅有 5 名营房助理员岗位；参谋处、混合库（野战仓库）的编制亦同。

六、非编单位，急需解决定编问题。

1. 小学校因非编的问题，教工待遇难解决。一至五年级共 18 个班，约 800 名学生，长期无校长，师资问题也解决不了，靠请临时工代课维持。

2. 煤矿因非编的问题，难招到挖煤工。现在西藏请来的挖煤合同工，聘用期已满，西藏向我们要人。

3. 冷库和制气站急需解决编制问题。

七、在不得已的情况下非编制单位占用了编制内名额，使在编人员名额更加短缺。共占用 177 个编制名额，其中：小学占用 2 名、煤矿 70 名、冷库 22 名、生产队 77 名、加工厂 3 名、砖厂 2 名、服务社 1 名。

另外，在编人员短缺的原因有高原干部假期延长，每 4 人就有一人在休假，每年接、训新兵有 3—5 个月，需占用干部、战士约 75 名。

八、上级配发来的机械设备繁杂不一。给兵站部一次配发下来 53 台发电机，型号不统一，不但给操作人员的培训造成很大困难，而且给备用件的采购和储备增加了难度，随年限的增加，维修更加不易。希望兵站部能像供应车材一样，将机械设备列入配供计划，每年向兵站配发一次。

九、营房保障方面，房屋、门窗、玻璃、取暖、照明设备，损坏、丢失严重。原因一是环境恶劣，如唐古拉兵站因风大，营房的屋檐四周都要用大石头压住；二是人为损坏的因素；三是因中线大多数兵站是地处永冻层之上，建房时房屋的基础、地面直接与冻土层接触，在住人取暖后融化了地下冻土，造成地基下陷所致。如五道梁兵站食堂周边地基下沉，地坪中央突出了一个大包。以上原因，都大大增加了房屋维修的难度。

1976 年 3 月，我从格尔木大站的兵站工作会上得知，北线花海子兵站、敦煌兵站等库存的 5000 公斤大肉罐头即将到期，但中线兵站不需要这批罐头。正好这时有西藏森林公司的人员路过大站，我有意用花海子兵站的大肉罐头，向西藏森林公司交换一些木料，给中线兵站解决一下门窗修理用材及修建温室用料。我先向西藏森林公司的人员进行探询，得知对方也有意向，便将此意与大站政委及其他常委商议。大家都同意，并提出再要些兵站用的特大菜墩，此物市场难觅。后来，有关此事，我也向西宁兵站部的领导作了备案报告。

随后，我决定专程跑一趟拉萨，计划找一下西藏军区的领导，争取为兵站的温室建设再要一些玻璃等材料，顺便参观一下西藏军区的沿线兵站，向兄弟单位学习和取经。

8 月初，我乘吉普车首次进入西藏。在拉萨，我找到了西藏军区的一位副司令员（兼军区后勤部长），我们过去很熟。当我说明来意后，他说："兵站是为我们服务的，对兵站的建设我们大力支持！"当时他就给批了 1600 多平方米的玻璃和部分木材。我向他提出，曾在格尔木仓库里看到军区待运的物资中，有竹扫把和从东北运来的电线杆上的横担木。这些几元钱的东西从东北运到西藏，运输成本太高了，价格一下子提升了上百倍。我问他："这些东西能否在西藏就地取材，就地加工呢？"他告诉我，现在还有困难，但以后会解决的。

次日，我从拉萨出发向东，在川藏线上跑了 500—600 公里。第一天，夜宿林芝（海拔 3000 米），那里山高谷深，江边气候宜人。我参观了当地的毛纺厂，受到了触动。工厂不烧煤，

1976 年 8 月孙曰修走访西藏军区沿途兵站，于布达拉宫前留影

没有别的燃料，只烧木材。我看到当地人将很粗的圆木（有一尺多的直径），锯成 50—60 公分的大段。工人们在伐木时，都是以劈柴方便为准，太粗的和有节疤的圆木通常锯掉弃之不用，只选那些能一斧子劈到底的木头，看了真叫人心痛。

由林芝向东 20—30 公里处，公路由海拔 3400 米爬升到海拔 4200 米。再向前，海拔逐渐降低，在大约两公里地段，盘山而上到鲁朗已降到 2600 米，再向东海拔逐降，到札木已降至 2400 米。这一段路况地质复杂，道路险峻，一边是高山陡坡，一边是深沟断崖，道路狭窄高低不平，还有多处山体滑坡、泥石流等痕迹。在 20 世纪 60 年代，总后汽车团有个车队由此经过时遭遇山体滑坡，就被压在了下面，至今还可以看到这个遗迹。

川藏的地貌是山高谷深，海拔上下悬殊，山顶白雪皑皑，终年不化，山腰森林茂密，灌木丛生。这里的日晒不严重，藏民都是白面孔，沿河谷两侧居住，房屋多系简陋，封闭不严，兵站甚至还有木板房。这里和青藏线上所见不同，在青藏线上有一望无际的戈壁高原、狂风、冰川，青藏线上的人还有很多种高山反应。但在川藏地区，冬季可以不穿棉衣，更不需烤火。这里水资源丰富，没有一个兵站为吃水而到处拉冰化水。唯一不足之处是每天有雾，影响视野。

我找到鲁朗森林公司的经理，说明采购大菜墩的来意后，他满口答应，并同意专门让伐木队找寻大柳树以便采伐大菜墩。一切谈妥后，当晚我就住在了那里。晚上，我们谈得很投机。他也是山东人，当年和部队一起进藏工作，现在已有三个孩子了。孩子在这里跟着他，大孩子无处上学，小孩子没有奶吃……日子过得非常艰苦。我回格尔木后，专门让大站去拉菜墩的车，把兵站配发给我个人的保健奶粉和白糖捎给了他们一家。

次日，我离开鲁朗，乘吉普车直奔札木。车开过一段高低不平的河滩路时，车后轴的油箱底壳磕到了石头上，固定油箱的螺丝被碰掉了。幸好在附近找到一家修理厂，当天就修理好了车。我们到伐木厂，把一切工作都安排好后就原路返回。

归途中，我从唐古拉开始，逐个兵站进行宣讲。每到一处兵站，我都会给大家讲两条进藏路线的共同点和特点、军区之间的差异、军队与地方差异和地区环境差异，讲述各个兵站各自面临的不同困难，倡导各兵站相互团结、相互学习、相互支援，强调兵站工作对祖国西南建设的重要性，鼓励大家做好自己的本职工作。

11 月 15 日，我再次进藏到拉萨，参加西藏军区召开的输油管通油庆祝大会。

从拉萨返回中线，我于 11 月 23 日晚住在唐古拉兵站。而后的归途中，我逐个兵站落脚，进行调研。在二道沟兵站，我住了 3 个晚上，还到山里打了一头七八百斤的野公牛，回格尔木大站时，给大家带回了两条约 100 斤的牛腿，40 多斤重的牛肚子、牛蹄筋等。

1977 年 4 月，大站政委上中线，拟到距离唐古拉 60 公里的温泉兵站组织整党整风的试点，结果病倒了。我上去换他下来，见到他时，看到他脸都紫了，这是严重缺氧，他最后是戴着氧气袋回格尔木的。政委走后，我在温泉兵站蹲点近一个月。返回格尔木途中，我在海拔 5000 米的煤矿住了一天，还去了一趟沱沱河的上游，在荒无人烟的鸟岛捡了十几个天鹅蛋。

1977 年 9 月，我参加了格尔木县第四届人民代表大会，被推荐为县革委会的委员。

在雪域高原，我奋战了 7 个年头，感触最深的是：那些汽车团的兵，有的只培训几个月就来到这条青藏线上，担负繁重的运输任务。他们不惧风雪严寒，不惧道路艰险，劳累是经常的事，遇到路况不好，汽车抛锚和堵车就要遭受饥寒之苦。还有长期坚守在高原兵站岗位上的干部和战士们，这些同志更加辛苦，他们的精神非常让人敬佩。但由于环境艰苦，很多人会出现烦躁、焦虑，甚至有经常发生口角的情况。对此，除了需要在物质上给予照顾，更需要精神上的抚慰。我在大站任站长期间，除了平时有要紧的事必须到各兵站，每逢春节，我必带着电影车到中线各兵站去给他们拜年，也借此检查他们新的一年迎接汽车部队上路的准备工作情况。每次我都会争取在唐古拉兵站住上一两夜。下兵站走访拜年这一做法，由我发起，我也一直保持不变，直至我调离大站。后来大站政委来北京告诉我，这个站领导下兵站拜年的做法，直到现在还保留着……

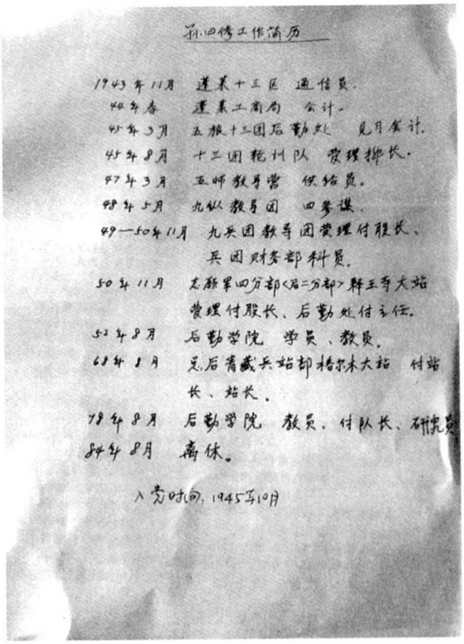
孙曰修工作简历

1943年11月 冀东十三区 通信员.
44年春 冀东工商局 会计.
45年3月 五旅十三团后勤处 见习会计.
45年8月 十三团轮训队 管理排长.
47年3月 五师教导营 供给员.
48年5月 九纵教导团 四参谋.
49—50年11月 九兵团教导团管理付股长、
兵团财务部科员.
50年11月 志愿军四分部<后二分部>释王寺大站
管理付股长、后勤处付主任.
52年8月 后勤学院 学员、教员.
68年1月 总后青藏兵站部格尔木大站 付站
长、站长.
78年8月 后勤学院 教员、付队长、研究员
84年8月 离休。

入党时间：1945年10月

孙曰修手写简历

在那动乱的年代，或许有许多人和事是错乱的、丑陋的，但也有比那些更加真挚的、纯粹的，那就是至高无上的理想和无比坚定的信仰，它们可以让人忘记伤痛、摒弃私欲，甚至不惜献出宝贵的生命！老实说，我虽然已经是三个孩子的父亲，但是自从上了高原，我也做好了随时牺牲的准备……

十二、耄耋虎老雄风在　金石铁笔刻丹心

我接触篆刻艺术，起始于 1987 年，当时我正在帮助我夫人叶淑穗整理鲁迅收集的《寰宇贞石图》，编辑《鲁迅辑校石刻手稿》。鲁迅先生对古籍有很深的造诣，收集收藏了许多石刻碑帖拓片。在整理这些碑帖拓片的工作中，我一遍遍地赏阅了古人的篆书，那秀逸、雄浑的风采深深地吸引了我。鲁迅收藏的碑拓中，还钤印了各种名人的印章，使我有机会鉴赏了篆书在印章上的巧妙运用，继而引发了我对篆刻的浓厚兴趣。

2020 年元旦 94 岁高龄的孙曰修在家中书房潜心篆刻

开始，我刻刀小试，只是给家人刻印。后来，我给一位朋友刻了一枚印章，虽系拙作，但得到了他很多的鼓励。

于是，我鼓起勇气开始研究篆文，从《金石萃编》中的《比干铜盘铭》开始，将所有能辨别清楚的篆书碑文抄录一遍，并逐字注了释文，又买了许多有关篆刻的书，认真自学。我开始临摹汉印、名印，刻各种闲章、名章。当刻了 200 多方印时，我方悟出一点篆刻的道理，有了自己的体会。

后来，得到干休所老同志郎鹏先生的介绍，我参加了北京的京华印社。在印社近 20 年的篆刻艺术生涯中，我得到了傅春衡、宋致中、孟庆贤、赵诩、栾中新、赵我将、孟凡工等诸位老师和众多印友的指导和鼓励，使我的篆刻技艺得到进一步的提高。我感到篆刻中可学的东西太多了，亦从中得到无限的乐趣。

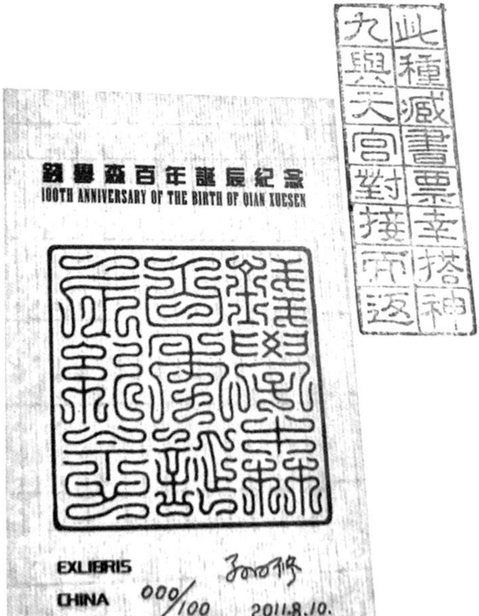

受“钱学森与中国航天”课题组委托，孙曰修特制“钱学森百年诞辰纪念”印并由有关单位制成百枚编号藏书票，2012 年 6 月作为神舟九号与天宫一号对接并成功返回地球的航天搭载品

篆刻艺术有着悠久的历史，有着严格的规范与运作章法。

我制印时先审视石料大小、方圆、花纹、意蕴，再定采取何种印的形式。除此之外，我把主要功夫用在了选字、组字和制定印稿上。在篆书中，同样一个字有多种写法，特别是印篆，首先必须根据《说文解字》弄清每个字的部件组成、笔画（主要是横笔）的多少，再确定字与字的相互配置。有时为了一个字的应用，要查遍手头所有的古今字典。一个满意的印稿，是靠深入细致地反复推敲、反复修改之后，才能得到的。即使这样，我也常常在刻完之后，又发现诸多不足之处。我感到，印章的面积虽小，但在技法上有深广的境地，可以施展无边的功力。真是方寸之地，排兵布阵，变化万千，其乐无穷。

我全力投入篆刻活动已有 20 多个年头了，主要攻习多字印及鸟虫篆，先后共篆刻了毛泽东、周恩来、朱德等革命领袖的诗词及唐宋诗词、文录等 200 首（段），有庆祝、纪念意义的多字印、闲章、名章近千方。

孙曰修的篆刻作品

投身篆刻，除了能提高自己的手法技艺和艺术修养，还能陶冶情操、锻炼身体。特别是在加工、切割石料时，要进行手工的锯石、磨石，我经常是汗流浃背，若遇到石料中的硬点，更需要使出全身的力气。每当自己深入篆刻意境中时，我都会倍感身心的快慰。

我必须感谢我的夫人叶淑穗，是她将我们过去的来往书信和我工作的记录本完整地保存下来，给我写这本回忆录提供了翔实的依据。

2010 年 12 月 28 日于北京丰台第五干休所

叶淑穗的补录

（一）归国深造　收获事业和家庭

赴后勤学院学习

1952 年 7 月，上级调曰修回国，赴中国人民解放军后勤学院学习。

后勤学院的创办是在 1952 年 1 月全军后勤部长会议上提出的：为培养后勤建设骨干，必须在前两年办校的基础上，创办正规后勤学院。会上还向中央军委提出了创办各级各类正规后勤学院的建议。1952 年 5 月 16 日，毛泽东主席发布命令："为了国防建设需要，及时培养后勤干部，加强后勤领导，特决定军委创立后勤学院，负责训练团以上后勤领导干部，第一期招收学员四百名，并订于一九五二年八月一日开课。"这说明，当时后勤学院的建立是作为全军军队建设的重中之重的。

我是怎样有幸来到后勤学院工作的呢？1951 年 7 月，我响应国家抗美援朝的号召，在辅仁大学被批准参加人民解放军，经过三个月的培训，被分配到人民解放军高级后方勤务学校财务班任助教。为了筹建后勤学院，我和财务班的七八位同志一起被调来这里，大家特别兴奋。后勤学院位于现在的北京市海淀区万寿路南口附近。当时，那里只有一栋新建起来的楼，屋里一切设备全无，窗外是一片荒野。当晚我们这些同志是睡在地上，用稻草铺垫过了一夜，半夜还听到有狼的出没。后来后勤学院从高级步校等单位调来一批工作人员，又从有关部队及院校调集专业教师，还请了苏联专家做指导。这一系列的准备，为开展工作打下了良好的基础。1952 年下半年，学院开始接收来自各地的后勤领导干部。这些后勤领导干部都是多年奋战在后勤战线上，为保卫祖国立下了汗马功劳的英雄。因为打仗，他们相当一部分人员失去了学习的机会，因而在文化水平上是参差不齐的。学院经过深入调查研究，决定先对他们进行预科学习。为此学院成立了文化教研室，又将这批学员分别编为初级班和高级班，开设语文、数学、物理、化学、历史唯物论等课程，以提高他们的文化水平。曰修被编入初级三班，并被推举为班长，他也是这个班里的年轻学员中最精干的。这个班有 30 多人，大部分是年轻干部，也有一位年长的长征干部。我被任命为这个班的班主任和语文教员。当时学校的教育长姜齐贤对教学要求很严，常常亲自来听教师的试讲，并提出改进意见，以提高教学水平。当时我是刚参军不久的学生兵，没有上过讲堂，虽然所讲的课程都曾经试讲过。

上课时，我面对这些老干部还是有点胆怯的。一次在课间休息时，这些学员都围拢过来，对我说："教员不要害怕，大胆地讲。"孙曰修学习很认真，对班里的工作也抓得很紧，总是及时向我反映学员的意见。对于这些意见，能改的我都及时改，我们的工作配合得很好，他是一位极负责任的好班长。

1952 年 8 月，孙曰修在中国人民解放军后勤学院学习

经过半年文化课的补习，学员们结束了预科学习。后勤学院于 1953 年 2 月 1 日正式举行开学典礼，李聚奎被任命为首任院长。在开学典礼的前一天，即 1 月 31 日毛泽东主席发来训词，致电李院长和全体教职人员及全体学员："我祝贺你们在预科学习和教学上的成绩，并希望你们在今后圆满地完成军委所给予你们的学习和教学的任务。对于现代的军队，组织良好的后方勤务工作有极其重大的意义。任何轻视后勤工作、以为后勤工作不是重要的专门的科学、不需要有系统的学习、不需要精通业务的观点是完全错误的。我们必须学习苏联军队完整的后勤工作建设，研究朝鲜战争中后勤工作的状况和经验，以达到我军后勤工作的现代化和正规化的目的。后勤学院全体教员、职员、学员，应当团结

一致，为完成这一光荣任务而奋斗。”[1]可见毛泽东主席对后勤学院的建设寄予了无比深厚的期盼与要求。

后勤学院在第二期至第四期，按上级的要求，主要安排了如下的科目：军事运输、军需勤务、油料勤务、后勤总论、后勤战术、公路桥梁、军马管理、军事经济、地理、汽车内燃机、营房管理、中共党史等。学员经过四年的学习，成绩及格，才可准予毕业。

孙曰修是后勤学院第一期学员，毕业于1955年5月。他的毕业证书是这样写的：“毕业证书　第49号　孙曰修同志于一九五二年九月进入后方勤务学院后勤组织系，第一期至一九五五年五月学习期满经国家考试成绩及格准予毕业特发此证书”，下面有国家考试委员会主席张宗逊、院长李聚奎的亲笔签名，并注明“一九五五年六月十五日”，还附有各科成绩表一份。孙曰修在四个学期的学习科目中，有6门科目为满分5分，11门科目为4

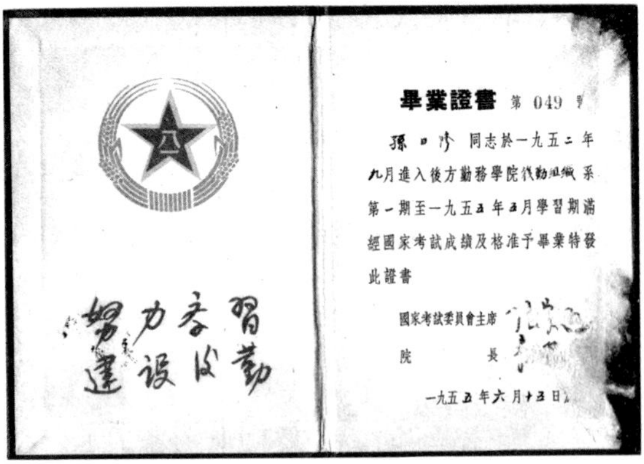
畢業證書　第049號

孫曰修同志於一九五二年九月進入後方勤務學院後勤組織系第一期至一九五五年五月學習期滿經國家考試成績及格准予畢業特發此證書

國家考試委員會主席

院　　長

一九五五年六月十五日

后勤学院毕业证

---

① 《毛泽东军事文集》第6卷，军事科学出版社、中央文献出版社1993年版，第339页。

分，仅有一门科目为 3 分。成绩单后面印有教育长倪志亮的印章和副教育长的印章（此处已缺损）。从毕业证书和成绩单上，可以看到后勤学院教学工作的严谨。

孙曰修的学习成绩可称为优秀，毕业后被留校任后方教研室教员，几年后又被任命为科学研究部正师职研究员。

恋爱一波三折　好事多磨

来这里学习的学员，有年长的老干部，也有不少中青年干部。因为战争，他们中有不少人未能及时成家。现已进入和平年代，他们在后勤学院除了努力学习，也想解决个人的生活问题，这是很现实的，也是可以理解的。

当时在后勤学院从事工作的未婚女孩并不多，我是其中的一位。大约在后勤学院预科开始上课一个月以后，班里有一位姓贾的学员，此人看上去长得很彪悍，给人感觉很莽撞，我就被他盯上了。他毫不掩饰地向我表示，要和我交朋友。我理解他所谓交朋友的含义，身为他的教员，碍于情面，我婉言拒绝了他。他当场就问我“为什么”，我只含糊搪塞过去，表示不愿深谈。没想到他却不依不饶，每天在我上课的路上阻拦，躺在进入教学区过道的门洞里，表示抗议。我下课了，他就在我宿舍门口等着堵我。据我母亲说，此人还去过我家里找我的家人说情。当时，我对此人的无理举动，又烦恼又无奈又害怕，不知所措，只是自己闷在心里，更不知应向领导反映，请求帮助。

此时，曰修的好友学员刘某，不知是否受曰修的委托，或是出于怜悯，看到贾某的行动对我造成的烦恼，想为我解脱，便趁课间休息，把我叫到一旁，向我说明孙曰修的意愿。曰修是我班的班长，我们经常有工作上的联系，我对他的印象不错，但从未对他有什么别的想法，不过在我非常困惑的当儿，我也想解脱。我没有多想，表示可以见面谈一谈，刘某就和我约定，晚饭后在某个教室里大家见个面。我按约定时间去赴会，一进教室就看见刘某已带着他的妻子孙某还有孙曰修在那里等候了。我们把教室的门关好，就开始聊天了，气氛非常融洽快乐。我们聊得正欢，但还未谈到正题时，贾某闻风而来。先是在窗外大吵大闹，我们不理他，他又找来高凳在教室门外又敲又打，还敲碎教室门上的玻璃，把门打开，对刘某和刘某的妻子孙某大打出手，险些闹出人命。院里的警卫及时赶到，当即把贾某拖出，关入禁闭室。贾某还大吵大闹，叫嚣着："我要有枪就毙了他们！"

事情就这样发生了，惊动了院领导。这是建院以来发生的震惊全院的事件，领导极为重视，分别找了有关人员谈话，作了慎重的研究。第三天召开了全院扩大党委会，宣布对事件的处理决定，也要我参加。当时整个会议室坐满了人，我坐在一个角落里，低着头，完全不知所措。会议宣布决定：开除贾某的学籍，遣送回原单位。对刘某给予党内记过处分。我当时是个团员，会议要求团组织对我进行教育，并要我深刻检讨。可能因为刘某把事情全包揽了，会议没有宣布孙曰修有何过错，但要求我们不要继续交往。院党委就这样平息了这场风波。其中最不幸的就是曰修的那位好友刘某，他一直将这个处分带到工作岗位。我受到了团组织的严厉批评，并在会上作了检讨。

事情过去以后，相当长的一段时间，我都处于羞于见人、沉默寡言的状态。领导关心我，找我谈话，让我放下包袱，向前看。我的主任找我谈话开导我，还郑重地向我转达某位领导的意思，想得到我的允诺。我明白他的意思，当即拒绝了。还有一位同志对我说，某位高级领导干部的儿子想找女朋友，想让我去见见，我也拒绝了，我说我不配。我的同事中也有向我伸出友爱之手的，我则敬而远之。似乎冥冥之中，我的心里感觉我已经有主了，但也知道党委的决定是很严肃的，我这个小兵只能遵守。

但孙曰修没有放弃。

那时学院每星期六晚上几乎都要举行跳舞晚会，我的交际舞跳得很好（在家时有老师教过）。李聚奎院长只要参加舞会，每次都约我跳舞。后来曰修告诉我，每个晚会他都要在窗外观看，看我跳舞，默默地关注我。

在我们这个事件发生两三个月以后的一个星期六晚上，舞会散了，当我从会场出来的时候，看见从暗处走出一个人，我吓了一跳，再一看是孙曰修。他小声地把我叫住，带我到没人的地方，非常诚

1954 年春，孙曰修在天坛公园。这是叶淑穗为孙曰修拍摄的第一张照片

恳地向我表白。他说："叶教员，我希望我们的关系还能继续。"我当时虽然感觉突然，但也觉得我们好像早已命中注定了，我没有多想就答应了。此后一年多的时间，我们就进入秘密的交往中，每个星期日都偷偷地到各公园去散步、聊天，这个时期我们才真正地恋爱了。我真的认识到他确是一个男子汉，是值得我托付终身的人。那时没有手机，也不能打电话，除了秘密的约会，就是通信。曰修当时的学员队的队长张晓川没有扣留我们的通信，我们的胆子就越来越大了。1954 年下半年，曰修私下向队长坦白了自己的意愿，得到张晓川队长的支持。我们心里有了底，于是决定向上级打报告，提出结婚的申请。我们于 1954 年 7 月 5 日写了申请报告，申请报告很快批了下来，写明："支委会研究同意结婚，呈报上级批示"，在批准机关意见一栏中写道："准予暑假结婚"，批准的日期为 7 月 16 日，申请报告上盖有"中国人民解放军后方勤务学院政治部组织

部”的大印。拿到被批准结婚的申请书，我们两人真是高兴极了。

我们结婚 60 多年后的 2021 年，一天，曰修因病住进了 301 医院，我的大儿子孙少瑞在那里陪他，他和儿子谈起我与他当年的往事，说“你妈妈年轻时喜欢跳舞”，还谈起那段“恋爱的风波”的经过。他告诉儿子，他那时拿到那张被批准的结婚申请书时心中的喜悦，他还告诉儿子一件“多年来一直没有告诉你妈妈”的事。原来组织部的负责人在交给他结婚申请时对他说：“你可要想好了，你要娶了叶淑穗，将来你的升职和做机要工作可能都要受到影响。”他对儿子说：“当时我全不在意，只顾高兴了。”

组织部的负责人为什么会这样说是有根据的。我参加部队后真诚地把我所知道的全部向组织作了交代：父亲在解放初期因历史问题和贪污问题，被判刑五年。我母亲是医生，在社会上接触过各式各样的人。如袁世凯，我母亲到他家里去接过生，他们还给我家里送过匾，黎元洪也给我母亲送过匾，我母亲还到汉奸（名字我忘了）家里去过，我母亲与他们的私交很好。我母亲信基督教，教会也常到我家聚会，等等。因而，我被视作“社会关系复杂”的人员。所以组织上会对他作如此提醒。但他对此毫不在乎，哪里还管那些。

建立小家庭　有情人终成眷属

得到上级批准的结婚申请书，我们俩高兴至极，天天盼望暑假的到来，我俩约定在8月19日的好日子，一同去登记结婚。那天天气特别好，我俩一早手拉着手，连蹦带跳的就来到海淀区人民政府的办公重地，径直地往里走。见门就进，抬头一看那里墙上挂了好多手铐，原来闯进了法院。我们两人都笑了，赶快退出。再找，才找到了结婚登记处。那时没有照相，也没有身份证，工作人员看了我们的上级批件，就分别给我们俩发了结婚证。拿到它，我们如获至宝。那时候这一带很少有大的饭店和馆子，为了庆贺，我们两人在一个夫妻开的小铺吃了一顿他们亲手包的饺子，别提多高兴了。

我们语文组的同事为我们祝贺。组长应锦襄为我操办婚事，

1954年8月，孙曰修与叶淑穗的结婚照

时间定在8月20日下午。我在语文组是年纪最小的，所以同事们都特别照顾我。婚礼组织得既简单又隆重。那时正值暑期，他们把我们的新房安排在学生宿舍中的一个大房间，把亲朋好友送的礼物全摆上，其中有暖壶、面盆、茶杯、茶碗，各种贺新婚的镜框，还有毛主席像及各种画片、写的贺词，挂满了墙面。母亲送来两床被子和床单枕头等，被子一床是鸭绒的，一床是绣花被面的。这些就是我的嫁妆（结婚后我把绣花被面还给了母亲，因为部队无法用）。她们请人帮我铺好。就这样，我的新房布置得既热闹又喜庆。

我们的婚礼安排在一间大教室，把课桌都围成圈，同志们为我买了各种好吃的糖和水果、花生、瓜子等，他们还特别到城里去买了一个小蛋糕（在那个年代是很稀罕的），还派了一辆大车，把我的母亲和亲朋好友及孩子们都接来。当时参加婚礼的除了我们文教会的同事，还有留校的学员及学员队的领导等近百人。为了给婚礼留下纪念，应锦襄还特意到城里买来一块红布（因为绸缎太贵了）作为签名之用，上面还写了“淑穗曰修结婚签名纪念”。此红布至今仍存，只是边缘空白处已被剪缺。这是三年困难时期，因布票短缺，我儿子的保姆拿布边给孩子做鞋用了。婚礼中除了举行一般的仪式，主持者还特别请了院幼儿园的小朋友来表演节目。会场热闹非凡，在学院里也是少见的。

我们结婚了，当时并没有给我们分房。暑假结束后，我俩就各自住回原来的宿舍。只在每个星期六学员回家了，我俩才有一次团聚的时机，在学员宿舍将单人床并起来一起过周末。那时因为曰修身体不好，我为他订了一份牛奶。每天我到家属的宿舍，借人家的炉子，为他煮一杯牛奶，他到我这里来，喝完牛奶就去上课。这种情况一直到 1955 年 5 月曰修毕业，他被留在学院工作，我们才分到了一间房，有了家，夫妻相爱，互相帮扶建造了这个属于我们自己的小窝。

（二）夫妻恩爱　同心共育孩成长

我与曰修从恋爱、结婚，直至相伴到老，经历了近 70 年的岁月，回顾往昔，犹如昨日。我们含辛茹苦，相依相伴，共同经营了这个小家，日子虽然过得平凡，却值得回味。我和他夫妻一辈子，留下的都是深沉而难忘的回忆。

曰修为人厚道、善良、勤奋，十足的山东汉子。他作为一个丈夫，对待我这个妻子，在生活上，特别在事业上，自始至终给予全身心的帮扶；作为父亲，他除了关注孩子在学业上的进步，更注重培养孩子的品格。

七十年说起来漫长，但在我的心里是短暂的，我就从家庭生

1973 年，在中国照相馆拍摄的全家福

活的点滴中，说说曰修——这位我终生相伴的丈夫，那是他真实人生的写照。

我们有两个儿子一个女儿。1955 年 9 月大儿子出生，按曰修老家的排行是“少”字辈，我给他起名孙少瑞。由于早产，他的体重只有 2400 克，在暖箱里住了半个月，才保住了小命。给他接生的是林巧稚医生。她和我母亲是同行又是挚友。林医生在给我接生期间曾亲切地对我说：“你母亲是我的前辈。”这使我感到很荣幸。在林医生的关爱下儿子健康地成长。我的二儿子出生在 1956 年 12 月。那时曰修把多年失联的父亲接到北京，父亲见到两个孙子高兴至极，他说我们祖祖辈辈只有一根苗，而今“换场了”（山东话）喜得双孙。曰修请父亲给这个孙子起个名字。老人家想了三天，告诉我们哥哥叫少瑞，老二就叫他少端吧，取其“立”之意。这样我家一个儿子名少瑞，一个儿子名少端，立是立住了。“瑞”和“端”两个字形相似的名字引起的风波却一直延续了二十几年。小时生病，拿药的名字常常弄错，相同的病，药混着吃倒可以，不同的病，我们则要请医生注明，分开吃。长大了下乡插队，办事人员把弟弟在京的户口注销转给了哥哥，好容易更正了，插队回京，哥哥结婚单立户口，也给转错了。特别是办身份证时，就麻烦更多了，不是在哥哥的名下写的弟弟的出生年月，就是在弟弟的名下写的哥哥的出生年月，经过反反复复要求派出所给予纠正，他们各自才取得了属于自己的合格的身份证。这是一段插曲。

我的女儿出生在 1967 年 2 月，跟她大哥相差 12 岁。曰修喜欢女孩，但因为我们两人平时工作负担都很繁重，管教两个儿子已经感到吃力，这个愿望始终未能实现。“文化大革命”来了，单位的工作停顿了，我们就迎来了这个千金，这是“文化大革命”所赠予的。曰修喜出望外。由于曰修忙于参加运动，是哥哥少瑞给她报的户口，他给妹妹取名孙原，星火燎原的原。（这是当时曰修参加战斗队的名称。）曰修一边积极参加运动，一边亲切地关心女儿的成长。在运动中他也曾经被批判，但回到家来看到女儿，就一切烦恼都没有了。

先说说两个儿子，他们在我们的精心哺育下渐渐长大。当时我们的生活并不富裕，因为都要工作，只得请一个保姆。孩子稍大一些就把他们送幼儿园，孩子淘气不愿意去，曰修就一手夹一个，把他们送到幼儿园。当时买不起更多的新衣服，有保姆时孩子的衣服鞋子都是保姆做，有时也用大人的衣服改。曰修继承了父亲的手艺，会裁剪，不少衣服都是曰修亲自用缝纫机缝制的。孩子大一点就穿曰修的旧军装。裤子破了，孩子自己补，有时补丁摞补丁。孩子到我单位去，领导看见都说我，怎么不给孩子买件新衣服？我们对孩子的教育就是艰苦朴素，孩子也以此为荣。

两个儿子渐渐长大，为了能够使他们的童年多一些快乐、多增长一些知识，我们每个星期日都要带他们出去游玩。除了上公园，也带他们去参观博物馆，如当时的革命博物馆、历史博物馆、自然博物馆、地质博物馆，等等。记得一次去颐和园划船，我们悠然自得地将船划到了十七孔桥附近，狂风忽至。一抬头，一群公园的管理人员在对岸拿着大喇叭对着我们的船大声呼叫："快靠岸""快靠岸"。风越来越大，可能到了八九级。我的小船经不起这样大的风浪，在水面上随着狂风翻腾着，无法自控。我一手紧紧搂着孩子，一手紧紧抓着船栏杆，一动也不敢动，非常害怕。曰修却非常镇静，他知道船无法靠岸，如果强行靠岸船肯定会翻。波涛汹涌中，他奋力地划着船、撑着舵，使船对准十七孔桥的桥洞冲去。我们就这样进了桥洞，安然躲过了一劫。今日回想那一幕仍然感到胆战心惊。

曰修在教育孩子上是很严格的，尤其在孩子幼年时。曰修观察细致入微，一次，他发现孩子玩一种较高级的玩具（在那时看起来是高级的），因为我们很少给他们买玩具。曰修就问孩子，玩具哪里来的，孩子说是大门口商店我们熟悉的一位营业员送的。曰修不信，亲自去找那位营业员核实，营业员说没有此事。曰修再次追问，孩子又说是从别的小朋友那里借来的。曰修去找那个孩子，那孩子也说没有。这次曰修可急了，又一次追问孩子，孩子才说，他到邻居家去玩，看见邻居家里地上有两块钱，他便捡来买了玩具。孩子也表示自己错了。第二天曰修就带着孩子，拿着两元钱到邻居家赔礼道歉，将钱还给人家。

再如让孩子出去买东西，感觉孩子多报了账，曰修不是先责备孩子，而是自己到几家商店去核实（当时我们这里的商店都在一条街上，不多），发现多报了，必严格询问孩子，要他写检讨（至今我这里还保存着当年孩子写的检讨原件）。后来我们俩商量，应当每月给孩子少许的零用钱，让他们学会自己处理好自己的生活。

曰修核实孩子报账是要求他们严谨自律，曰修本人并非爱财之人。从我们结婚开始，他的工资，除留下所需的零用钱，如买烟等，全部都交给我。后来他戒了烟，连买烟的钱也交给我了。

我也常劝他，让他留一点钱，他总是说："我不管家，也不自己买东西，要钱干什么。"他去世后，清理他的抽屉，抽屉中还留有 12500 元，那是多年来组织上发的奖金和补助金，除了他的一些特殊用项，所余下来的。

曰修的艰苦朴素和以身作则的精神对孩子们产生了很好的影响，他们俩在小学期间都被评为三好学生，还曾在后勤学院全体人员大会上得到表彰。大儿子上中学的时候，在学校勇拦惊马。后来在回乡探亲的海船上因遇飓风，船颠簸得很厉害，他顶着风浪，扶助很多晕船的乡亲。为表彰孩子，海事部门曾写大字报给学校，他也因此被评为学雷锋的标兵。为响应周总理的号召，他和几位同学跑到延安插队，跟随当时的传奇知青孙立哲一起成为一名赤脚医生，在那里为乡亲们解除病痛。第二年二儿子也随哥哥到延安子长县插队。孩子们在延安插队，得到了很好的锻炼。曰修在格尔木的时候得知因一次汽车着火事故少瑞的手臂被烧伤，写信给我说："今天收到来信，尽知。我已给少瑞写了信，他是出了一个事故，但好的是他当时采取的行动是正确的，这也是一个共产党员应该做的，没有什么好骄傲的，可以给点鼓励。"信中还写道："告诉少端和小原要向哥哥学习。"两个孩子走上工作岗位后也都表现很好，遇到危难时期，为保护国家财产甚至不顾个人安危，勇于献身。大儿子在 200 厂工作时，厂房着火，他只身冲入火海抢抱出几个煤气罐。二儿子在第一针织厂工作时，厂房着火，奋勇救火，抢救国家财产，单位曾写信到家里给予表彰。他们在平凡的工作岗位上都做出了不平凡的事，就不一一列举了。这都是曰修“以德育人”教育孩子的成果。

再说说女儿。女儿是曰修的最爱，曰修在格尔木工作期间，最惦记的就是女儿和我。1976 年地震和女儿因患肺炎住院，当时我真是有点儿扛不住了，就给他写了信。他在 1976 年 12 月 2 日夜写信给我：“昨天我才从拉萨回来，晚间连看了你几封信，最后一封是 22 日写的那封，看样子是有些紧张，似乎信上还有眼泪。这还没打仗，一定要沉着，慌乱是会出乱子的。你讲得对，要看到北京市的几百万人都在扛……”下面他出了好些点子，教我如何面对困难。孩子生病，他同样忧心如焚。在 1976 年 12 月 11 日夜的信中，他写道：“小原的病如果 301 没有办法，去儿童医院也可以，找原来的阿姨再帮忙一段也可以，这些事你都可以决定嘛！办也得你办，不要等我，我是远水不能解近渴。我从拉萨回来，就开党委扩大会，一直没有时间……我是鞭长莫及，家里的事就全靠你了……”在 1976 年 12 月 26 日夜 2 点 45 分的信中，他又写道：“听李德同志说，小原是病毒性肺炎，我也很担心，他告诉我你的意思，最好叫我能回去看看，可是我一点儿办法也没有，年终的工作忙，我怎能请假呢？我们这里规定，请事假探病人，需要有单位电报证明才行，所以我不好开口，我这些天也着急，难道我不知道就那么个宝贝蛋？”女儿的病终于在 301 医院的积极治疗和后勤学院的领导与同事、亲友的关怀下康复了。

曰修在繁忙的工作中，更关心女儿的成长和教育。在 1975 年 4 月 20 日的信中，他写道：“小原写的信很好，我看后很高兴，但是否有点骄傲，这倒应该注意。还有糊涂丫头，连年月日都弄不清楚，真叫人好笑。”在 5 月 8 日夜的信中，他又写道：“小原现在好吗？天暖了注意传染病，告诉她要好好学习，人家都说你太溺爱她了，这还要注意。”在写给我的信中，他总是提醒我不要惯孩子，并说：“对她可要抓紧教育，不能太放手，多启发她的自觉，能善于识别社会上的坏人。”我也把信给女儿看了，女儿明白爸爸信中的意思，这是在告诫她作为女孩子，既要注意防身，也要关心社会动态。上中学时她在街巷中，几次发现有两个人鬼鬼祟祟地活动，于是写信向安全部门反映。为此，安全部门曾来人专访了她，并给她以奖励。

女儿是我们家三个孩子中学习比较好的，也是唯一的国家 985 大学毕业的。她很勤奋，在工作岗位上也很努力，为祖国建设作出了自己应有的贡献。

曰修作为一个父亲，并不要求子女有轰轰烈烈的人生，只要求他们在本职工作中，尽职尽责，付出自己的努力。他不愧为一个合格的好父亲。

（三）生命相伴　事业相助携手行

夫妻就是生命的伴侣。我与曰修 70 年相伴相随，无怨无悔，每天经过的虽然只是生活的点点滴滴，平凡而细微，却是那样的欢乐、真挚而深邃。几十年过去了，往昔岁月仍然一幕幕呈现眼前，令人难以忘怀。他所给予我的关爱，从家庭到事业，无微而不至。

20 世纪 50 年代我们住在后勤学院，地址就是复兴门外的万寿路，这里那时称为“新北京”，是北京城新开发的区域，交通很不方便。1956 年我从部队转业到鲁迅博物馆，从学院到鲁迅博物馆那时只有一趟 35 路公交车，而且不开到万寿路，只开到距这里两站地的公主坟。每天早上我从后勤学院的后门出去，走到公主坟去赶那趟车。冬天的时候，天不亮我就要出门。那时这条路走的人很少，曰修不放心，每天早上送下午下班还要去接。这种情况一直延续到 35 路公交车延长到沙窝站。

后来他没有去车站接我了，而是每天在楼道门口等我下班回来。在这期间还闹过一个笑话。一天我因为有点特殊的任务要加班，那时没有电话，我便委托住同院的同事把情况告知家里，以免家中惦记。哪知那天曰修早早就在楼道门口等我了。他看到一个女同志远远地往楼道走来，以为是我，就躲在门后。等那个女同志一推门，他就从后面伸出一只手，捏着人家的鼻子，把那个女同志吓了一大跳。曰修发现认错了人，赶紧道歉。大家说明情况后，彼此都哈哈大笑。

我们相伴70年，生病是难免的。我们俩无论谁生什么病，无论是大病或小病，无论是白天或夜里，从来都是相互陪伴着去医院，从年轻一直到年老都如此。2000年我得了骨结核，开始以为是骨癌。由于当时我的医疗单位是街道医院，我的病必须转院，曰修就亲自到我们单位找单位领导要求转院。后来我们单位管老干部工作的同志告诉我说，你爱人含着眼泪，要求单位帮助转院。因为从街道医院转到三甲医院是很困难的，费了很多精力，我被转到北京肿瘤医院。经过会诊，确定不是肿瘤，而是结核，又转到当时的通县结核医院，在那里住了50天。曰修不放心，经常去看我。从干休所到通县医院有47公里，来回近百公里了。我记得那时干休所对干部用车是有规定的，好像是每月不超过百公里，曰修就只得坐公交车来回。那时曰修已是75岁的老人了，每逢探视日必来看我。这里是传染病医院，他来这里是冒着被传染的危险的。那时一个病房住6位患者，大家都非常欢迎他，因为他总给大家讲战斗故事，为大家带来了欢乐。病友中有一位教师，听了曰修讲的故事非常感动，说要把这些战斗故事讲给学生听，使孩子们接受教育。曰修每次在我们病房一坐就是一个下午，直到探视时间到了，才被催着离开。那时天已晚，公交车也只能到大井站，还要走一站才可以到干休所。后来他告诉我，有一次回来太晚了，路又黑，看不清，踩着一块石头，差点摔跤。

回想这些生活中的点点滴滴，使人心痛，这就是患难夫妻，“生命相伴”。

我是从事鲁迅文物管理工作的，深深感到责任重于泰山，时刻不敢松懈。每天上班时我除了要做好库房的清洁和防潮工作（因鲁迅的文物绝大部分是纸质的，当年虽几移库房，防潮问题总是解决不好），还要接待来访者，为查阅或询问鲁迅资料的相关研究专家们提供资料。平时想写点有关的文章，实在是没有时间，只得晚上回家加班。有时为了赶写一篇文章，几乎要写到天明，然后洗洗脸赶快去上班。曰修看我太辛苦，就利用业余时间主动帮我查阅《鲁迅日记》或《鲁迅全集》。那时没有电脑，他就帮我写卡片。离休以后，他更是把全部时间投入帮我写卡片的工作。那时哪里找那样多的卡片纸？他就请亲戚家在出版部门工作的孩子，帮忙找一些裁下的书边纸做卡片。他将《鲁迅日记》分成专门的类别，如汉画像、钱币、购买古物、购买拓片、去过的餐馆、抄录的书籍、完成的著作等抄成卡片，然后分类编辑起来。这些卡片足足有两大纸箱。为我查找资料提供了极大的便利。

那时没有通用的打印机，很多抄写工作也是他替我完成的。如那时要出版《周作人日记》，馆里把任务交给我，我没有时间，是他把周作人几十年的日记全部抄录下来。1984 年初，周建人的女儿周晔写了《鲁迅故家的败落》，无人帮她誊写草稿，周晔同志找到我，请我帮忙誊写，这是对我的信任，我欣然同意了。但我没有时间抄，就将稿件带回家，请曰修帮她抄清，曰修很认真地完成了。周晔同志看到誊写的稿件后很高兴，特别带来几斤毛线（那时毛线是紧俏的商品），非常诚恳地送给我，我坚决地谢绝了。

1987 年鲁迅博物馆编的《鲁迅辑校石刻手稿》出版时的目录就是曰修帮我核实并抄录的。当我们把这份目录稿件送到启功先生那里，请启功先生为此书题写书名时，启功先生看到曰修整理的全本目录后，谦虚地说，“用这个就可以了”，我们闻之愕然！我说那怎么可以呢？后来启功先生就为鲁迅博物馆和上海鲁迅纪念馆编的几部“鲁迅手稿集”均题写了书名。

曰修帮助整理过鲁迅辑校手稿，还写了一篇《〈鲁迅搜辑碑拓辑述〉读后感》，发表在《鲁迅研究动态》1989 年第 8 期上。有人怀疑此文是我给出的点子，这是没有根据的，查看曰修写在原作者文章上密密麻麻的批注，就可见他对这篇文章下的深功夫。

曰修还为我们馆编的《鲁迅藏书目录》做过补注，如对照《鲁迅日记》注录此书购买的时间和友人赠书的时间等。曰修熟悉鲁迅的藏书目录，对鲁迅的藏书有所了解，曾写了《对〈鲁迅全集·书刊注释〉的几点意见》一文，发表在《鲁迅研究月刊》

1993年第11期上。

让我最佩服的是他对一篇鲁迅手稿的鉴定工作，这个过程中他表现出来的对文字手迹的辨认能力让我惊讶，更让我信服。这是因为他搞篆刻，临摹过好多古文字，对文字的识别有基础。

事情是这样的：2011年，有一位先生在《鲁迅研究月刊》第12期发表了《一篇新发现的鲁迅手稿：〈新青年〉编辑部与上海发行部重订条件》一文。《〈新青年〉编辑部与上海发行部重订条件》是一份合同性质的文件。馆里得知此情况，所有业务人员都兴奋不已。因为新发现一篇鲁迅手稿，是多年罕见的事了，他们急于复制放入陈列。我仔细看过这手稿，凭我多年对鲁迅手稿学习的经历，总感觉这手稿有点异样。我不敢确定，向周围的同志提出自己的看法，遭到一些同志的反驳。有的同志和我争得面红耳赤，说："百分之百的是鲁迅的手稿。"我有些心虚了，垂头丧气地回到家里，曰修问我怎么回事，我把事情的原委告诉了他。他拿到这篇手稿仔细地端详，反复地琢磨，最后肯定地说："这确实不是鲁迅的手迹。"他给我细细分析这篇手稿上笔迹的特点，与鲁迅手迹不同。曰修的这些分析使我豁然开朗，给我吃了一颗定心丸。如何说服那些同志呢？只能先找出证据，说明《〈新青年〉编辑部与上海发行部重订条件》一文的出处，以及该文件确为何人所拟。

为了弄清文件的出处，我和曰修一起查阅了许多资料，也请了有关同志帮忙。因为此文件是有关《新青年》出版的问题的决议，时间约为 1919 年 10 月，那就必须从《新青年》及与它相关的人和事入手来查考。我们也请有关同志和有关单位帮忙，查阅了《胡适日记》《钱玄同日记》《胡适传》《周作人日记》及当年出版的《新青年》和有关《新青年》史料记载的书籍等。这些资料中仅在 1919 年 10 月 5 日周作人的日记中记有“五日晴，上午得尹默函，往厂甸至公园，下午二时至适之寓，议《新青年》事，自七卷始由仲一人编辑”。除此之外，均未找到任何制定这个文件的确凿证据。

无奈，我们只能从现存此文件手稿的来源入手，探其究竟。据发表此文的作者介绍，此文是“从五十年代中国历史博物馆编《中国近代史参考图片集》上翻拍下来的”。我们决定先找到发表此文的刊物。我们向国家图书馆查找刊登此手迹的图书，很快得到国家图书馆的张迈先生的回信。他告诉我们，此手迹发表在 1958 年 11 月的《中国近代史参考图片集》上，此书由北京历史博物馆主编，上海教育出版社出版，分上、中、下三册，此手迹刊登在下册的 161 页，上半页为手迹的图版，并明确注明“鲁迅的手笔之一:《新青年》编辑部和上海发行部《新青年合同书》”，来源为“北京历史博物馆藏片”；160 页上有鲁迅像，相片上有鲁迅手迹“1930 年 9 月 24 日照于上海，时年五十”，下注“上海鲁迅纪念馆藏片”。原来这页手迹 1958 年就已定为鲁迅的手迹。图片是北京历史博物馆提供的，我们于是找到国家博物馆的石华同志，询问此手迹现存的情况。石华同志告知，此手迹原件收藏在国家博物馆保管部一部，但因建新馆，目前库房正在搬迁中，原件来源尚无法获知。得知此手迹现存，并藏于国家博物馆，我们俩就更加坚定了弄清它的重要性和必要性。

因查不出文件的准确出处，我感到沮丧，曰修则提议，咱们可否从辨认手迹入手？这确是一个好主意。因为此文件是《新青年》刊物合同性的文件，只能出自《新青年》的主编和编委之手，这是不言而喻的。《新青年》的编委为李大钊、陈独秀、胡适、沈尹默、钱玄同、高一涵。我们就从出版的名人手迹中找到这六位先生的手迹一一核对，曰修发现这个文件的手迹最像胡适的手迹。为了说明此文件的拟稿者为胡适而非鲁迅，我们从合同书手迹全文254个字中选出123个不同的字与鲁迅和胡适写过的同样的字一一对照。为了能找到鲁迅和胡适的不同写法的123个字，我们不只查遍了他们的早期手迹，还要将这些字一个字一个字地复印下来（我家里的小小复印机不堪重负，几乎报废了）列表对照，一列为鲁迅手迹，一列为《新青年》合同手迹，一列为胡适手迹。这一对照，从笔迹上就可以明确地辨认出《新青年》的合同上的手迹与胡适的笔迹完全一致。这确凿地说明，此文件并非鲁迅所拟，否定了此为“新发现的鲁迅手稿”。我请有关同志审阅，原来持相反意见的同志也表示认可了。关于这件事，我写了一篇文章发表在《鲁迅研究月刊》2012 年第 4 期。2019 年我参加国家图书馆编辑《鲁迅手稿全集》的工作，查阅中国博物馆呈送给国家图书馆的数件鲁迅手稿的清单，其中已不见此《新青年》的合同了，说明他们也同意此手稿非鲁迅手迹。

曰修为鲁迅研究、为博物馆做了许多默默无闻的工作，对我的工作给予了全身心的帮扶，使我在事业上取得了一些成绩，这是我终身难以忘怀的。

（四）授越南班　谱写中越友谊曲

为了中越友谊，1955 年，后勤学院为越南人民军培养了一批后勤方面的高级干部。学院把来学习的越南学员编为越南班，孙曰修和郭继伦被任命为越南班的班主任。这两位班主任除了在教学上尽职尽责，在生活上更给予越南学员们无微不至的关怀。越南班的学员们十分感动，不只在课堂上认真学习，和教员交流军事后勤的经验，课余时间或假日还探望教员的家属，关爱他们的孩子。孩子们也喜欢他们，和他们共度了好多欢乐的节日，留下了不少珍贵的照片。我到兰州出差带回来白兰瓜，曰修送给他们，他们说太好吃了，还把白兰瓜的瓜子留下，说要带回国去试着种植。

春节期间，越南班的学员回不了家，曰修请他们到家里吃饺

1959 年 6 月，越南班毕业合影，孙曰修（前排右三）为越南班的班主任兼授课老师

子。那时猪肉紧缺，每个月发的肉票，我家也只有半斤左右。曰修就带着孩子用气枪打麻雀，几天下来打了七八十只。回来将麻雀打理干净，用麻雀肉加上仅有的猪肉和白菜包了饺子，请这些越南学员吃了一顿野味的年夜饭。当时与他们的相聚既热烈又亲切，让人至今难忘。这些事情同样在越南学员的心里留下美好的记忆。

1965 年这些越南学员来中国旅游，就和当年一样，毫无顾忌地径直来到我的家。哪知曰修正在越南体验生活，我上班了，孩子们也都上了幼儿园，家里只有一个阿姨。

阿姨看到一下来了五六位客人，慌了手脚，赶紧请邻居相助，借来椅子和茶具，请客人坐下，然后焦急地给我打电话告知情况，让我速速回家。我接到电话也很惊讶，赶快向馆里请假往家里赶。那时还没有出租车，我坐上公交车急急回到家，一进门，吓出一身汗：小小的卧室里，满满坐着人。我和他们一一握手，表示歉意，并表示对他们的感谢。他们带来了丰盛的礼物：有各种糖果，特别是有越南特色的各种手制的编织物，如藤条的提篮、藤编的花瓶、藤编的盘子等，堆满了一桌子。他们是满怀深情，有备而来。我则是盛情难却，束手无策。

正在此时，院里负责外事的干部来了，总后勤部负责外事的干部也来了，他们是来接待外宾的，虽然给我解了围，也让我感到紧张，因为我忘了及时上报，这是违反纪律的。由于这些越南外宾要访问的主人不在，外事部门的干部将外宾接走，另有什么安排，我就不知道了。

忆及当日情景，可谓谱写了一曲中越友谊之歌，但那时那刻的我是不知所措的。他们所赠的礼物，我一件都没敢留，全部上交了。

（五）乐享离休　夕阳如诗亦如歌

1984 年 8 月曰修离休了，离开了他为之奋斗的部队。他虽

2017 年中秋节，孙曰修与妻子及儿孙合影

脱下了军装，但仍不改军人本色，把离休作为另一个起点，开展了另一番事业，拥抱生命中的另一个春天。

石缘

1993 年我退休了，然后又被国家文物局返聘到党史办，参加编辑《中华人民共和国文物博物馆事业纪事》等书，但每周只去一两次。对于一个曾经整天忙碌于工作的人来说，这确是生活中的一个大转折。对于这个转折给我生活带来的一系列陌生的变化，我曾茫然不知所措，也总想再出去工作，但曰修比我早离休 9 年，再把他一个人丢在家里，我有些于心不忍。况且那时我们结婚已40年了，老夫老妻理应休整一下，在一起找一些共同的生活乐趣。一个偶然的机会，我们发现一个奇妙的新世界——石头的天地。

一次干休所组织我们去九龙游乐园，在一番龙宫遨游以后，我与曰修漫步在水库边上，偶然看见一块有着大理石纹理的石头很像一幅山水画。我们把它捡回家，经过细心擦拭，发现这块高19厘米、宽17厘米、厚2厘米的石头不只像一幅山水画，从多个棱角各呈现奇妙的形态。将它竖起来，从左向右看，酷似舞台上孙悟空的脸谱，戴着那顶紧箍咒的帽子，一双圆睁的大眼睛、噘着的“雷公嘴”，栩栩如生；从右向左上方看，像一头正在回首的东北虎；由上向石头的下方看，像一只长毛狗的头；从石头的背面看，一端像一条蟒蛇的头，张着嘴正在吞食鸡蛋，另一端像一只未长角的小山羊头……对此石的反复揣摩使人感到妙趣横生。这一“发现”使我们对随处可得的石头有了新的“认识”，并对它产生了极大的兴趣。从此我们与石头就结下了不解之缘。

在离我们住处不远的地方，有一个百余亩地的空场，据说是准备建公园的，少说也空了一二十年了，那里堆放着各种建筑废料，更有一堆一堆被丢弃的石头。夏日当东方刚刚现出鱼肚白时，这里已聚集了许多早起锻炼的人，有遛鸟的，有练嗓子的，有做气功的，有跳健身操的，而我和曰修则从事着与众不同的“活动”——挑拣石头。我们俩聚精会神地弯着腰，一个石头堆

一个石头堆地仔细搜寻，凭着我们的想象，每天都捡回一小包寓意莫测的石头子。回家后，我们揣摩、磋商，从中选出形象美、寓意深厚的石头，留作观赏加以保存。兴趣高涨的时候，我俩还到卢沟桥桥下和郊区河沟里去捡。在共同的乐趣中，我们发现，这些沉睡在野外不被人们理睬的石头，个个都蕴含着奇妙的艺术世界，那是大自然的鬼斧神工，没有任何人工雕琢的痕迹。

我们捡到的石头，可以分成几类：一类为兽，有马、羊、鼠、熊猫、猴、猫、狗等。一类为人像，有天真的少女像、古代人像。还有一些石头上呈现了生活的画面。如有一块从河滩上捡来的石头，感觉它是一个画面，但当时辨认不清，在家放了一年，有一天再将它拿出来看，突然发现，在石头上展现的是女足

2016 年，孙曰修、叶淑穗去内蒙古巴林旅游，途经河北坝上草原留影

运动员正面向足球狂奔、拼搏的场景；还有一块石头展现的是日本妇女的茶道；又有一块石头可以看到一位妙龄女子披着长长的围巾面向远方，侧坐在河边，似乎在期盼或等待她心爱的人……我们还从河里捡到过一块从上游漂流下来的兽面瓦当。我们捡到的这些石头内容极其丰富，给我们的二人世界里增添了说不尽的乐趣。

从此我们与石头结缘了，曰修就此全心投入他的篆刻事业。我们去潘家园、琉璃厂寻访各种可以刻印的好石头，如鸡血石、巴林石、寿山石等。为了买到更好的石头，2016 年儿子和儿媳驾车带曰修和我去了内蒙古巴林右旗。在那里我们拜访了许多收藏巴林石的专业户，参观了他们收藏的巴林石。看到各种珍贵的、光彩夺目、无比精美的巴林石，我们大开眼界，更对石头产生了由衷的敬畏。我们购买了数块鸡血石和高质量的巴林石，给曰修从事篆刻工作储备了丰厚的资源。

怀念过往的岁月

人到老年总会怀旧，曰修也一样，他怀念生长的故乡，怀念青年时期为之奋斗的岁月，以及自己战斗过的地方。孩子们了解他的心思，为了满足他的愿望，抽时间带我们去旅游。那时他们没有车，租了一辆富康轿车去了曰修的老家，山东蓬莱孙家沟。那是 2005 年 5 月 1 日，我们早上 6 点就从家里出发，由于车况

2005 年，孙曰修（前排左三）携妻重返家乡山东蓬莱，与家乡亲人合影

不佳，到蓬莱时已经是晚上 7 点了，曰修姐姐孙凤英的儿子、女儿即分别居住蓬莱和郑家村的五位外甥、外甥女及其家人已经聚齐，都在焦急地等候了。久别的亲人见面，真是悲喜交加。当年的后生，都已成为大爷们了，大家都有说不尽的话。夜深了，住在远离城市的亲人们只得告别回村。我们在蓬莱市区游览了两天，去了蓬莱阁、长岛、天涯海角，重点的景区都去游览了。曰修说，当今的蓬莱市已不是当年的蓬莱县了，有了翻天覆地的变化。

4 日，在外甥女秦玉兰和女婿李传利的陪同下，我们一起回到曰修朝思暮想的老家——孙家沟，那个山沟里的小村庄。我们的车一路颠簸着进了村，曰修感觉村庄仍是当年的村庄，变化不大。他当年捐给生产队的祖宅仍在，但是大门紧锁，已经变成一个堆放杂物的庭院，四边屋舍全无。为了不惊动这里的干部，他只站在大门外透过门缝往里看了看，原来家里吃水的井还在。门口街道仍是当年那条坑坑洼洼的老街，但街上没什么人。好容易遇到一个年轻人，曰修问他一些老人的名姓，得知那已经是他的祖爷爷了。我们找到一家住户，曰修作了自我介绍，之后向他们打听村子的情况。交谈之中曰修才知，与他同龄的老人都已不在了。那情景真是贺知章诗的再现："少小离家老大回，乡音无改鬓毛衰。儿童相见不相识，笑问客从何处来。"曰修说他不想再回孙家沟了，他的心中肯定有许多凄凉。

2018 年 6 月 5 日至 9 日，儿子和儿媳又带着曰修和我去丹东，想在那里找到曰修当年当学徒的纺织厂旧址。那里已经是一个繁华的大都市了，我们沿着街道转了好几圈，旧的房屋荡然无存。在金海路，我们找到了他当年住的临街的坝闸门的旧址。曰修告诉我们，当年涨水时闸门是要关的。我们仔细地查看，真的看到闸门上有洪水浸泡的痕迹。曰修在这里久久地徘徊，似乎在回味往昔的岁月。

在丹东，曰修要看的是鸭绿江，特别是鸭绿江桥。我们入住的是威尼斯酒店，这里虽然住宿条件较好，但距离鸭绿江还有一段路，看不到鸭绿江。我们换了一家靠近鸭绿江的酒店，选了一间窗外正对着鸭绿江桥的房间。曰修可高兴了，看着鸭绿江，看着当年志愿军入朝的鸭绿江桥，滔滔不绝地给我们讲了许多当年参加抗美援朝的故事，感慨万千。晚上我们又沿着鸭绿江边散步。江南、江北的风景迥然不同，给人一种奇异的感觉。这里一边是高楼大厦，灯光璀璨，辉煌绚丽，一边是只有点点星光的旷野，相邻的两个国家，呈现的却是完全不同的两种风貌。

我们在丹东还游览了虎山长城，曰修登上了第十一座烽火台。路过锦州时我们参观了辽沈战役纪念馆。纪念馆中展览的实景与丰富的历史图片，以及还原各个战役的场景，曰修都聚精会神地浏览。他似乎又回到了当年的战争岁月。

2019 年 4 月 28 日至 5 月 5 日，儿子和儿媳驾车陪我们去宁夏，曰修想看看当年参加劳动的贺兰山，“五七干校”旧址，那是他曾洒下汗水、留下诸多回忆的地方。按照曰修指引的方向，我们离开了银川市，驱车行驶了十多公里，来到了贺兰山下。这里已变成了一个大的葡萄园，道路四通八达，建设得井井有条，当年的“五七干校”已经看不见了。我们的车围着村庄转了好几圈，曰修发现了几处当年“五七干校”的遗迹，于是我们下车沿途寻找。曰修在田中找到了当年挖的井，又发现几户聚居的人家。我们进门拜访、交谈，得到他们的热情接待。原来他们都是那时“五七干校”相邻住户的后代，他们对那时的“五七干校”仍有记忆，向我们介绍了几十年的变化，他们还带我们去找到了当年“五七干校”遗留下的几处旧房子。曰修说那就是当年他们干活的二队，并实地去考察，还找到了当年的食堂和办公室。曰修特别兴奋，在那些仅存的旧址旁向我们生动地讲述了当年劳动和生活的故事。我们还去了贺兰山，那里已修建为公园了，有许多岩画。可惜没有去当年他们掏鸟粪的地方。归途我们去了陕西佳县，看了香炉寺和黄河大峡谷及西夏王陵……

怀念那过往的峥嵘岁月，寻访曾经走过的路，对于一位老者来说，这增加了他今日的幸福感，对于他的后人来说，这也是一种教育，会让他们记住，父辈是怎样艰苦奋斗的，以此激励自己不忘过去，奋发图强，报效国家。

离休晚晴，天伦之乐

曰修的晚年生活很幸福，他无忧无虑，什么事都不用操心，只做自己想做的事——篆刻、参展，或出去旅游。孩子们带他去广东看虎门炮台，去广州沙面，到山西参观云冈石窟、应县木塔、悬空寺，到陕西参观兵马俑、榆林红石峡，还看了宁夏西夏王陵，河北的避暑山庄、隆兴寺。他也多次说要陪我一起去敦煌看一下，因为他在格尔木大站任站长时，曾到那里参观，受到樊锦诗等敦煌研究院领导的接待，收获颇丰，但因工作和条件的限制始终未成行，成为遗憾……曰修最喜欢爬长城，孩子们陪着他

2010 年 10 月，84 岁高龄的孙曰修徒步登上金山岭长城

几乎爬遍了周边的长城，如八达岭长城、司马台长城、金山岭长城、水长城、慕田峪长城、古北口长城，还有东北的虎山长城，等等。曰修玩兴十足，乐在其中。

儿子、女儿乃至孙子辈、重孙辈对我们都是尊重又孝顺，这可能就是我们的家风。女儿喜欢烹饪，经常做一些曰修喜欢吃的美味佳肴，如猪蹄、酱牛肉、熟牛筋等送到家里来。曰修喜欢吃五仁月饼，女儿担心市面上卖的五仁月饼太甜，老人吃多了不好，就采购各种优质的干果原料，自己动手做好给曰修送来。曰修喜爱之极，数着个吃，生怕别人给他吃了。冬奥会时，女儿还仿照冬奥会的吉祥物冰墩墩，给他蒸了卡通花馍。曰修看到这些惟妙惟肖的小冰墩墩馒头，真和大家抢购的吉祥物一模一样，高兴得直夸这个姑娘手真巧。

曰修的身体一般情况下还是可以的，没有什么器质性的病。只要他感到一点儿不适，我和孩子们都非常关切，赶紧送他去 301 医院请医生诊治；要是住院，一般情况是请护工，孩子们常去探望。在疫情中，曰修已经是高龄了，每天夜里要起来五六次，孩子们怕他跌倒，请护工也不放心，儿子、女儿，以至孙女都轮流去陪护。疫情严重时，301 医院对护理要求更严格，不允许经常换人，孩子们就一连十天半个月昼夜陪护。他们夜里睡不好觉，白天又要坚持护理，这种情况是很难熬的，但他们没有抱怨，没有叫苦，一直护理到曰修出院。这种对父亲的爱，是由衷地、真挚的，令人感动。曰修看在眼里，记在心中，说真是没有白疼孩子们。

2022 年元宵节孙曰修、叶淑穗夫妻与女儿孙原。孙原为孙曰修制作了小老虎和冰墩墩卡通馒头，孙曰修特别惊喜，非常喜欢

抗战老兵的荣誉

2015 年是我国抗日战争暨世界反法西斯战争胜利 70 周年，

2015 年，孙曰修作为中国人民解放军总后勤部推选的老兵代表，参加 9 月 3 日纪念中国人民抗日战争暨世界反法西斯战争胜利 70 周年大阅兵仪式

党和国家决定于 9 月 3 日举行盛大的纪念活动，并在天安门隆重举行阅兵仪式。阅兵仪式的主题是“纪念抗战伟大胜利、弘扬抗战伟大精神、实现民族伟大复兴”，基调是“隆重、庄严、震撼、节俭”，展示国家科技水平的发展和强军实践中取得的丰硕成果，激励全党全军全国各族人民铭记历史，缅怀先烈，珍爱和平，开创未来，更加奋发为实现中华民族伟大复兴而奋斗。

这次阅兵共有 67 个中外方队，其中中方 50 个方队，包括一个空中护旗方队，一个抗战老兵乘车方队，一个支前模范乘车方队，11 个徒步方队，27 个装备方队，9 个空中梯队，受阅人员 1.2 万人。

老兵方队和支前模范方队的人选来自全国 26 个省、市、自治区，营地设在前门东大街的首都大酒店。8 月 20 日，曰修和 330 名老兵以及陪护、医护人员共计 600 多人进驻了首都大酒店。

老兵受阅方队乘坐 18 辆国产受阅车，由新四军、八路军以及国民党抗战老兵，共 132 位老战士和 66 位英烈子女组成。曰

《京华时报》2015 年 9 月 4 日刊登中国人民抗日战争暨世界反法西斯战争胜利 70 周年大阅兵仪式图片。第一排左二为孙曰修

修在八路军之列，乘坐第 12 车。这个车上共坐 10 位老兵，其中有八路军、新四军和国民党的远征军。经过天安门时，《新京报》曾做专题报道，在第 12 辆阅兵车的照片下，注以“国共抗战老兵一起乘车参加阅兵式”。

阅兵指挥部向曰修授予抗战胜利 70 周年纪念章和抗战胜利 70 周年专用标志徽等。在曰修要上阅兵车时，有中央电视台的两位记者走了过来，说他们有 6 分钟的现场直播，要曰修准备马上接受采访。记者用耳麦连线后，摄像机和话筒立刻对准了曰修。记者先用法语作了开场白，随后示意曰修讲话。曰修感慨地说：“在那个残酷战争的年代，没敢想过会有今天……”这真是他的肺腑之言，感人至深。

这次受阅的车辆、司机和警卫人员全部来自 27 集团军的 235 旅。真巧！曰修 70 年前所在的部队正是 27 军 235 团，也就是今天的 235 旅的前身，真是有缘。

这次阅兵之后，2019 年庆祝中华人民共和国成立 70 周年的阅兵仪式曰修也参加了，是以抗战老兵的身份坐阅兵车，在天安门前接受党和国家领导人的检阅。

这是曰修这个抗战老兵一生中最高的荣誉，他的此生足矣！

三位儿女对父亲的回忆

（一）穿军装的父亲

儿子　孙少瑞

在我童年记事的时候就感觉到，能让高大的父亲抱在怀中是件极为奢侈又幸福的事。

每次和父亲一起外出，他总是穿着一身军装，用他那粗壮的大手领着我和弟弟，我们张大手掌也只能握住他的一根手指，又过了很久能握到他两根手指。所以每每想到父亲，闪过脑海的总是一身戎装的伟岸身影。

我小时候身体瘦弱，五岁患肝炎、六岁患肺炎和阑尾炎，父亲总是背着我奔向医院。能趴在他那宽阔的背上，对病中的我来说，总是极大的安慰。记得七岁那年我们去逛厂甸庙会，父亲把我高高举过头顶，然后低头把我放在他粗壮的脖子后面。啊！涌入我视野的是好宽阔的一条大街，远处的二层小楼飘着一面彩旗，上面那三个金色的大字我刚好认识："花果山"。两边的店铺挂满了各式各样的风筝和嘎嘎作响的风车，眼下则是一片人头攒动的海洋。父亲就像一条小船，晃动着挤向"大海"的深处。在时间的河流中，父亲就是那条承载着我们童年的幸福和快乐，陪伴我们慢慢长大的船。在父亲的肩上，我第一次看到了不一样的风景，也第一次知道了成长的意义，是可以看得更高、更远一点。

军人家庭中的孩子，爱打枪是必须的。家里有一支气枪，父亲常用它教我和弟弟射击，还为我和弟弟每人买了一支黑色铁壳的玩具手枪。家里有台照相机，父亲在我和弟弟五六岁时，就开始教我们如何使用相机拍照，所以，我们童年的照片非常丰富。记得有一天，父亲接到任务要出远门，我看到他绿色的帆布箱子里有两把乌黑的大手枪！父亲看到我惊讶的样子，便拿过我和弟弟手中的小手枪风趣地说："用你们的两把小手枪换我这两把大手枪怎么样？你们换吗？"我们三个

孙曰修指导5岁的孙少瑞用气枪练习射击

人哈哈大笑，笑声回荡在房间里许久。

那天父亲告诉我们，说要出差很久很久，多年后我才知道，父亲参加了援越抗美。当年我和弟弟挥舞着小手枪玩耍时，哪知道父亲和战友们正穿梭在越南茂密的丛林中，紧握手中的钢枪，用生命守护着我们的幸福和安宁！

多年以后，有一位越南来的不速之客非要见我父亲，他称我父亲是他最好的老师。经我父亲所在部队调查，此人曾受越南军方派遣来中国培训，是我父亲部队院校“越南班”的一名学员，父亲确实担任过他的教员。在校期间，这名越南学员与父亲结下了深厚的师生情谊，完成学业后就返回了越南军队工作。想不到多年之后，这名学生已经成为越南高级官员，此次是以越南国防部副部长的身份来华访问。为了感谢老师曾经的教导、培养之情，他特地来探望我父亲。

2015 年 9 月，孙曰修在孙少瑞的陪伴下参加纪念中国人民抗日战争暨世界反法西斯战争胜利 70 周年阅兵仪式

我和弟弟妹妹长大后，都有了各自的家庭，父母也是自己生活。我时常留恋儿时在父亲身边无忧无虑的日子。2015 年 9 月，

2015 年 9 月，进驻受阅方队集训营地的孙曰修

我父亲作为八路军老战士的代表，参加了中国人民抗日战争暨世界反法西斯战争胜利 70 周年阅兵，我有幸陪同父亲一起进驻受阅方队营地，并在一级安保的封闭环境中生活了 13 天。这段与父亲独处的二人时光，成了我最珍贵的记忆。

以前父亲在 27 军工作时，无论到哪儿都乐于和一线战士们聊天，尽管我们的阅兵营地管控很严，他依然从与警卫战士的交谈中得知：阅兵受阅的车辆、司机和警卫人员全部来自 27 集团军的 235 旅。真巧！父亲 70 年前所在部队 27 军 235 团，正是今天承担阅兵保障任务的 235 旅的前身。

此次 13 天的受阅营地生活，无论是身着八路军、新四军粗布军装的老战士，还是身着国民党的美式军服的官兵，大家都是首次见面。让我惊讶的是，父亲却与他们一见如故。国民革命军的各路老兵大集合，使父亲对以往的友军有了更多的了解。个别国民党旧军队的官兵，对生活条件要求较高，如必须饮用纯净水，一时瓶装纯净水供不应求。一名身穿国军军服的老兵质问："为什么不能继续发放瓶装纯净水？"当得知是部分区域戒严使运输车辆延误时，他严肃地说："从现在起，我不喝水了！"父亲则表示："喝白开水没问题，当年什么样的水没喝过！"70 年过去了，电影中的"国军"身影再现，而父亲永远是当年的"八路军"。我为有这样的军人父亲而骄傲。

（二）老爸我好想你

儿子　孙少端

老爸已经离开我们两年了，还是不大习惯家中没有他。

老爸祖籍山东蓬莱，四方脸庞，佛耳福相，肩宽背阔，身材魁梧，近一米八的大个一百七十来斤，浑身透着胶东大汉的气质。

在我的印象中，老爸善良忠厚，从不多言，生活节俭淳朴。虽说不善言辞，有时回述起革命从军的经历，却也绘声绘色、滔滔不绝。老爸对我们并不喜说教，但他的身体力行总能让我觉得榜样就在身边。

有部电视剧叫《父母爱情》，剧情就像讲我家发生的事似的。主人公也是山东人，家里也是农村的，也是很早就出来参加革命了，也是小时家里定了娃娃亲后来退了婚，也是为了追求爱情不顾一切地娶了“资产阶级小姐”从而两次失去晋升机会。“文革”时期，老爸先被发配干校劳动改造，后被调往青藏高原戍边，但他很少提及此事，心中无怨无悔。我曾问过他当年的想法，他只是淡淡地说：“我就认准你妈了，别的啥都没想。”就凭老爸对老妈的这份挚爱真情，我就对他敬意满满。

我在家排行老二，上有长兄下有幺妹，居中的我总认为自己不被重视、不受待见，也就是老话讲的“姥姥不疼舅舅不爱”的孩子。

我是“50后”，总说这是最不走运的一代。自打我懂事起，就有各种政治运动一场接一场地袭来。从我上小学开始直到“文革”结束，贯穿我的整个学生生涯。在印象里我就没正经在课堂上过几天课，也没学啥知识，就会跟风闹腾还自我感觉良好。

1967 年“文革”开始，老爸就受到了政治运动的冲击。在这场声势浩大的政治运动中，老爸由于某种现在看来可笑的原因被全院大会点名批斗。1969 年父亲被下放至宁夏银川贺兰山“五七干校”劳动改造。那地方气候恶劣、生活条件极差，父亲每天还要下地干活。身体上的劳累多少消弭了精神上的痛苦。当时，我去探亲看他的时候领教过当地的条件，那真是刮风飞沙走石，下雨瓢泼如注，蚊蝇嗡嗡肆虐，蛇鼠神出鬼没，白天高温难耐，夜间寒冷瑟瑟。老爸及战友们居住在简易木板房里，食物果腹而已谈不上什么营养。但老爸乐观以待，挺过了那些灰暗的日子。

1971 年，总后说老爸的问题查清楚了，没事了，却把老爸调派到遥远艰苦的青海高原兵站去工作。虽说是“没事了”，但就是不让回北京工作与家人团聚。老爸在高原这一干就是 7 年。

高原的生活和工作环境更艰苦，高海拔、气候恶劣、生活条件差，家里人一直担心老爸的身体。当时青藏铁路还没有修好，公路多一半还是石子路，也就是当地高原兵常说的洋灰水泥路（刮风天扬灰、下雨天泥泞），物资给养全靠汽车运输，物品、蔬菜都很缺乏，水果更是稀有物品，生活的艰苦可想而知。

1974 年夏天，我 18 岁，利用学校放暑假的机会独自去了兵站，想看望一下我那受苦受累的老爸。我从北京坐了两天两夜的大绿皮火车硬座，屁股底下捂出了一堆热痱子，总算熬到了西宁站。我被兵站部的赵叔叔接了在他家住了一夜，第二天搭乘一个石油管线检查小组的车开始向 800 公里远的格尔木兵站进发。

格尔木兵站海拔近3000米，途中我流了两次鼻血。小小卡车翻山越岭，走走停停，经过两天的颠簸，终于到了那个在地图上不起眼但又具有重要战略地位的总后勤部兵站。到达兵站下车一看，我感觉自己进了兵营，因为这里是我军西北和西南很重要的后勤补给线交会点，西北通敦煌可达新疆，西南可达西藏拉萨直至中印边境。小镇里有兵站、机场、油库、仓库、汽车团、部队医院……几乎全是部队的机构，大街上几乎都是穿着绿军装的军人，穿便衣的居民很少见，有也多是随军家属。

我终于见到了日思夜想的老爸。他晒黑了不少，皮肤黝黑但神采奕奕。老爸拍拍我的肩膀，带我去了他的宿舍。老爸的宿舍在兵站内一个三层小楼的二层，小屋不大不到20平方米，屋里陈设简陋，只有一张单人床、一个书桌、一个书架。由于我的到来，屋里又临时搭了一张军用单人床。

安顿好了行李，老爸带我去食堂吃饭。食堂是兵站大院深处的一溜平房，里面摆了几张木桌，没啥人。老爸说，兵站大部分人都在连队食堂就餐，这里是兵站机关的食堂，机关里人数不多，饭食也很简单。我记得那天吃了高压锅蒸出来的馒头、一盘炒豆芽，还有我从北京带来的臭豆腐。吃饭时，老爸问我这些天在这里有啥打算，我简单地回答："玩呗！"老爸脸一沉说："不行！天天在机关里晃悠影响不好，你下部队吧，体验一下部队的生活，也看看像你这么大的孩子，人家在干什么。"老爸这一句话，就把我“发配”到勤务连2排3班去了！第二天我就抱着从库房领的军装和被褥到勤务连去报到。

勤务连驻扎在兵站大院西南角的两排平房里，班里共有7位战士以及班长和副班长。当时班长回家结婚去了，副班长当值。副班长姓张，宝鸡人，一口的陕西话，非常热情；机枪手刘一虎，大个子，陕西米脂人；其余的战士都是四川兵，年龄最小的瓜娃子和我差不多大（后来同龄的我俩关系最好）。勤务连每天的作息时间很固定，早上出操队列，回来整理内务，被子叠成豆腐块，然后排队去伙房门口集合唱歌，由连领导布置一天的工作，最后排队进食堂围着餐桌站好，执行排长吹哨子才能坐下用餐。当时的伙食费一天四毛六，当地又缺少新鲜的绿叶蔬菜，兵站自力更生发制的豆芽菜和储存的罐头蔬菜就成了餐桌上的主菜。连队生活艰苦，伙房天天清一色的米饭、豆芽菜。刚开始我吃不习惯，后来干活累了又没油水也就顾不了那么多了，狼吞虎咽能吃饱就行。在连队干活还是很累的，我每天都要跟战士们一起挖排水沟、给排水管道清淤，去几十公里外的砖厂拉砖，盖温室大棚、修水池，等等，都是重体力活。夜里还要轮流站岗，两小时一换班。换岗也真的像电影里那样，对口令、查验枪械、核对子弹数目——冲锋枪一支、子弹30发。偶尔还会遇到连部查哨的，可不敢大意。最怕的是白天干活已经累得够呛，夜里还要紧急集合——我是真起不来呀！但怀着不能给老爸丢脸的念头，我在勤务连这一个月总算是咬牙扛下来了。

一个月后，我要回北京继续上学了，勤务连出具了一份我在部队表现优秀的表扬信寄给了学校年级组。在后来的日子里，我始终忘不了在部队锻炼的那些日子。感谢爸爸给了我一个认识部队、体验基层战士艰苦生活和工作的锻炼机会，让我能够切身感受一个十几岁每天只知道傻闹的城里孩子和那些同龄的、战斗在边疆高原第一线的意志坚强的士兵之间的差距，这不仅是物质生活上的差别，更是思想境界的差距，比起他们，我确实还有巨大的成长空间！想想看，我们有啥可优越的？人家在偏远地区戍边打仗，我们啥都不会！

1978 年老爸总算调回北京了，在后勤学院任学员队队长，我和大哥也从陕北返城安排了工作。在历经了十年的苦难分离之后，一家人总算团聚安定了。

几年后，历经辛苦磨难的爸爸离休了，过上了悠闲的日子。老爸在家是个和事佬，从不发脾气，一天到晚老是乐呵呵的。我们老笑话他叫他“孙一碗”，因为他吃饭不挑食，给饭就吃（就一碗饭，多少不限从不添饭），给啥菜都吃，给酒就喝不分贵贱。家里大事小情任由老妈做主，不争不抢，工资全部上缴，兜里从不装钱。

2016 年我退休后，住在河北燕郊，和老爸隔着 70 公里，但是距离越远越是惦记老爸。老之将至的我更能理解老爸多年的不

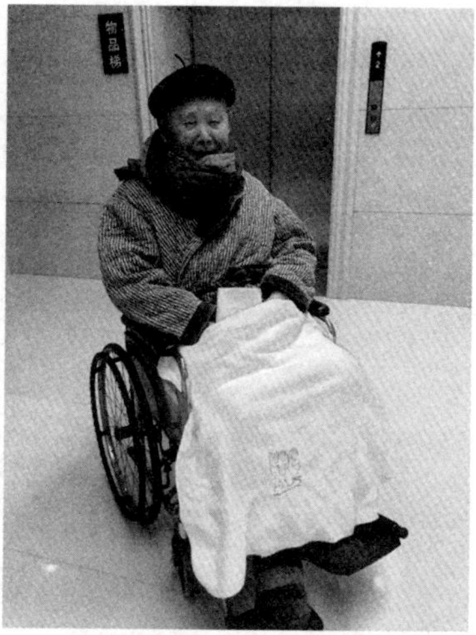

2017 年 11 月，孙曰修因肺炎入住 301 医院

易了，眼见他经历了那么多的苦楚，我心疼他。我的内心，总有一种对他的亏欠感，决心在余下的时光里一定要好好补偿他，好好孝敬他。

老爸晚年身体不太好，特别爱感冒发烧拉肚子。90 多岁的老人隔个一年半载就要住一次院，一次比一次严重。在医院陪伴老爸的那些日子，是我和老爸这么多年来难得单独相处的日子。我们一起回忆往事，叙述各自的经历，聊到开心的趣事时一起开怀大笑，忆起不堪回首的往事，彼此沉默相对。毕竟我们都到了回忆的年龄。

2022 年底，新冠肺炎疫情再度袭来，老爸的身体状况骤然变差，在重症监护室一待就是 20 天。受罪呀！他的身上插满了管子，一堆机器在床边架着，每天大量的输液成了主要抢救手段，心率每天 140，血氧不足但无法恢复……我们除了揪心没有办法，眼睁睁地看着爸爸昏迷不醒，听着他身旁呼吸机刺耳的尖叫……那是一种说不出来的心痛，真想替他去受罪。到 2022 年的最后几天，老爸坚持不住了，病魔耗尽了他所有力气。12 月

2022 年，孙曰修同儿子孙少端去天安门广场的途中，这是孙曰修最后一次去天安门

27 日凌晨，老爸走了。家里的天，塌了！

后来的日子里，我多次在梦里见到过老爸，听到他略带沙哑的山东口音叫我："臭小子！混球！"他眯着眼睛撇着嘴对我乐的慈祥模样总在脑海里浮现。一回到爸妈家，我仿佛就看见老爸坐在桌前刻章的背影——穿着那件黑色的薄棉袄和绿色的军裤，带着老花镜，听到我的声音，回过头从眼镜框上边看着我说："来啦！"

虽说以前也见过很多院里的伯伯、叔叔离世，院里的布告栏也常有老干部离世的讣告和追悼会的通知。但轮到老爸的时候，还是难以接受，万箭穿心，难以割舍！

2024 年 5 月送爸爸骨灰的第一站。我怀捧爸爸的一坛骨灰在 50 年后又重新回到了格尔木兵站。我来到了爸爸曾经工作生活过但如今早已废弃的那座红砖楼，也找到了我在勤务连锻炼时住过的平房。时过境迁，过去是老爸带我走在兵站的路上，而现在是我带着老爸魂归兵站。站在这个既陌生又熟悉的地方，多少当年的往事就像电影似的历历在目，我泪如雨下，百感交集。当我向现在的格尔木兵站的干部介绍老爸的事迹时，兵站干事看到老爸戴满勋章的遗照惊奇地说：“首长得过这么多奖章呀？真是了不起的英雄前辈！”在我讲述自己当年下部队锻炼，爸爸就安排我住在这排连队平房里的时候，干事们都感到很惊讶。

格尔木兵站派一位干事和三个战士陪同我，把爸爸的部分骨灰撒在了红砖楼后面的树林里，完成了老爸生前的遗愿和家族的嘱托。抛撒下他的念想，让他的英魂在今后的日子里背靠雪山头枕沱沱河，永远安息在那方热土，陪伴着格尔木兵站的发展。

我对老爸的无尽思念，就像这雪山巍巍，冰河长流。

送爸爸骨灰的第二站是去老爸抗美援朝过江作战的渡口：吉林集安，爸爸生前总提到这个地方，说：“我就是从这里进入的朝鲜。”我在边境江边，把老爸的部分骨灰撒在了鸭绿江里。

后来我带着爸爸的遗像又去了丹东，参观了丹东抗美援朝纪念馆。

完成了这些任务后，我回到了北京。这一路走下来我更钦佩老爸这一生的经历了。

我自豪我有这样一位父亲，伟岸、朴实、有心胸、有担当！

老爸我好想你……

孙少端带着爸爸孙曰修的遗像和骨灰到抗美援朝入朝作战渡口吉林集安

孙少端带着爸爸孙曰修遗像在丹东抗美援朝纪念馆

（三）爸爸，您的爱总在不远处守护着我

女儿 孙原

很多深情和思念，不是说放下就能放下，这一辈子，都刻在心上……

自我懵懵懂懂地骑在爸爸脖子上逛北京动物园开始，我就成为坐在爸爸肩膀上快乐成长的幸运小女孩……时光穿梭半个多世纪，直到 2022 年退休，在爸爸的眼里，我依旧是那个让他一见就开心的小姑娘。

1967 年 7 月，孙曰修开心地抱着 5 个月的孙原

爸妈养育了我们兄妹三人。两个哥哥大我十来岁，爸爸 41 岁生的我，自然对我非常疼爱，叫我“老疙瘩”。

我出生那年，正处于“文化大革命”初期。后来爸爸告诉我，他白天挨批斗，被逼着交代“错误”，被“造反派”们

折磨得身心交瘁、疲惫不堪，但是晚上一回到家，就抱起我，往自行车车筐里一放，推着我就出门。爸爸说，我就是他的开心果，无论受了多大委屈，只要推着我在后勤学院操场溜达几圈，什么屈辱、烦恼、愤怒、绝望……就全都抛在脑后了。路遇熟人问他："老孙，你怎么挨了斗还能高兴？"爸爸乐呵呵地说："有我姑娘陪着，还有啥不高兴的？！"

1969 年，孙曰修（左二）带 2 岁的孙原在后勤学院与来访的战友合影

我 3 岁时，爸爸被下放到宁夏贺兰山"五七干校"劳动，两年后又被调往更遥远的青藏高原格尔木兵站工作，那里工作条件更恶劣，生活更艰苦。

在我的童年里，有 9 年没有跟爸爸生活在一起，偶尔他回北京出差，我们才能团聚几天，但很快又在我的号啕大哭中匆匆离去，奔赴遥远的地方。每次别离我们都不知道下次什么时候能再见。2022 年爸爸去世后，妈妈把爸爸在高原工作期间写给她的信件给我看，信里的字字句句都饱含着他对妻子儿女的惦念和深情。他表达了很多对子女教育的想法和建议，其中絮絮叨叨最挂

1972 年，孙曰修、叶淑穗与 5 岁的孙原在宁夏贺兰山“五七干校”的扬水站前合影

念的还是小女儿。他写道：“我走后小原哭了没有？”“小原病好了吗？”“寄给小原的奶粉收到了吗？”“不要娇惯她”……即便远隔千山万水，即便是荒凉冷漠的贺兰山脉、青藏高原，也不能阻隔爸爸对我的关爱。他那深厚温暖的爱，始终呵护我成长，从未缺席。

这世上，父亲对女儿的爱有千种万种，爸爸对我的爱，始终距我不远，我知道他一直都在、从未离开。

爸爸，您的护佑，让女儿的心底踏踏实实，充满安全感。

爸爸说，人生的路虽长，但关键的只有那么几步，每一步都要走好。

我人生的每一步，都离不开爸爸的引导和教诲。在对三个子女的教育中，爸爸操心最多的是我，最讲求方式方法的也是我。爸爸对哥哥们的教育，就是严父，他俩犯错爸爸都是雷霆闪电式教训，外加小竹棍儿“家法伺候”。轮到我们一起“犯事情”的时候，爸爸对我却是慈父，总是耐心细致、和颜悦色，不厌其烦地摆事实、讲道理。末了，大哥二哥自然是替罪羊，而我倒是那个舔着棒棒糖，坐在小板凳看爸爸管教哥哥们的“无辜”小妹。

爸爸对儿时的我采用的是放养式教育，让我自由地释放天性，无忧无虑地快乐成长。

爸爸总是尽量给我自由成长的空间，除了平时教我背唐诗宋词，有空就带我去大自然中逮昆虫、捉青蛙、看地形、辨方向……在观察、探索中，教我如何发现问题、解决困难、总结经验。现在看来，爸爸对我的教育就是“快乐教育”。有了这种放养的经历，我更加懂得物竞天择等自

1970 年，孙曰修、孙原父女俩在家中用相机自拍合影

孙原出游前拍摄。在爸爸的指挥下，女儿心花怒放，立正站好，脸上洋溢着满满的喜悦和期待

然法则，不断冒出应对困境的奇思妙想，更加乐观果敢、坚韧自信。当然，古怪精灵的点子越多，胆子就越大，独立性也就越强。当然，爸爸也越来越信任我、鼓励我，放手让我自己去发挥潜能。

爸爸对我从不娇生惯养。在他的宽容下，我见人不认生、不怯场，性格开朗活泼，说话和行动更像一个野小子、疯丫头。

春天，他带我去树林里捉大青虫，捉到了就直接架上干柴烧熟吃。我们还去河沟里捞野鱼小河虾，去水渠边摸螺蛳河蚌……父女俩经常满载而归，却变成两只泥猴……

夏天，他教我望云观星辨别气象和方位，识别地面的洞穴活捉狡猾的金蝉，洗一块面筋挑在竹竿上去粘树上的知了。父女俩你挖我捉，配合默契，战果卓著，晚上的餐桌就会多出一大盘子的油炸金蝉。

秋天，他带我去打麻雀，寻找虫蛹带回观察其化蝶的过程。

我跟着他时而隐蔽时而奔跑，就像爸爸身边的一条猎狗，全然不顾胳膊腿上被树杈划出的条条血道和裂口。

冬天，他带我挖地灌水冻野冰，用废木头和粗铁丝做冰车儿推着我滑，还教我在没有阳光的树林里辨别东西南北，勘察地形地貌。我们可以穿着单鞋在冰天雪地的野外磨叽一天，直到脚丫冻得没了知觉……

爸爸军旅一生，对我的教育夹杂着军人的硬派作风。有时候我早上起不来床，迷迷糊糊耍赖不睁眼，爸爸就抓起桌上冰凉的大圆闹钟，塞进我的热被窝里，我一激灵就会跳起来，又气又恼。爸爸目的达到了，看着我抓狂的样子，就会开怀大笑。

记得我上小学三年级时，妈妈带我去格尔木兵站探亲。我们先坐火车到西宁，然后坐了三天三夜的汽车才到达爸爸工作的兵站，沿途人烟稀少，很是荒凉。刚到兵站，爸爸就同我“约法三章”：一是这里空气稀薄，为防止缺氧不能奔跑；二是兵站外面有条沱沱河，河水是冰山雪水化冻而下，极为寒凉，女孩子蹚水会生病，不许下河……但我还是偷偷去河边“考察”了一下。当看到清澈透明的河水中，一条条细长的游鱼静静待在河底，我心花怒放，禁不住手脚痒痒，全然不顾爸爸的告诫，把鞋一扔，裤腿一挽，径直下河摸鱼。我有两三天都偷偷溜出去摸鱼，河水真的是冰冷刺骨。我找了一个破竹簸箕，把簸箕按到水里，蹚着水逆流而上，沿途兜住了不少鱼。鱼，肯定是不敢带回家的，就都送给当地刚认识的小朋友。我们一起玩得好开心呐！终于有一天，爸爸也不知从哪里听说我下河摸鱼，从天而降出现在河边，把我抓个正着，我一时呆若木鸡。他拎着一根长木棍，走得气喘吁吁，气得脸都青了，用棍子指着我，大声命令："混账，给我上岸！立正！站直！回去检讨！"但他扬起的木棍始终没有落下。

其实，父母儿女一场，就是一个渐行渐远、慢慢放手的过程。

1985 年是我人生关键的一步。那时候高考，是先填报志愿，再参加考试，等成绩出来才能知道自己够不够报考志愿的录取线。那年的录取率是"千军万马过独木桥"，报考压力很大。爸爸很能掌握说话的分寸。备考期间，他督促我努力，总提醒我早

2020 年 9 月，孙原陪孙曰修、叶淑穗在北京翠湖国家城市湿地公园游览

点休息，我知道他是不想给我更多的心理压力。填报考志愿前夕，我跟爸爸说，我想报考中国人民大学。爸爸平静地说："考吧，我信你！"为了不让我有压力，他还幽默了一把："就算考不上大学也没关系，咱们可以卖馄饨，但你要是把馄饨包成包子，咱家可就赔本儿啦……"高考结束不久，我顺利收到了中国人民大学的录取通知书，而爸爸的这个小幽默，让我笑了好一阵子。

大学毕业，我进入航天工业部机关工作。我问爸爸："您对我的希望是什么？"爸爸意味深长地说："我希望你一直都快乐。"

2019 年，孙原于"八一"建军节为孙曰修、叶淑穗拍摄。大家脸上洋溢着幸福的笑容

爸爸说，任何关系中，懂得相互服软，轮流低头，就不会走散，到了最后彼此都不走丢，才是世上最珍贵的事。没有天生就般配的两个人，只不过是一个懂得包容迁就，另一个懂得适可而止。

对于人性关系，我

们子女都没有爸爸理解得这样透彻，总结得这样睿智，实践得这样到位，可见爸爸的智慧和修为。

爸爸自己就是践行这句话的榜样。他的一生，始终是这样理解、包容和爱护妈妈的。他与妈妈的婚姻好事多磨、曲曲折折，婚后两地分居多年，爸爸被打成“反革命分子”又离开家人去艰苦的环境工作，历经重重困苦后晚年方生活安定。尽管命运对他多有不公，但是他对家人充满深情。他平时对妈妈说话总是和风细雨，谦和礼让，外出都是挽着妈妈的手。爸爸很支持妈妈的鲁迅研究事业，一直都积极参与、帮助她推进研究工作，努力帮助妈妈实现理想，直至生命终止。本书后面也展示了爸爸辅佐妈妈进行研究的部分成果。

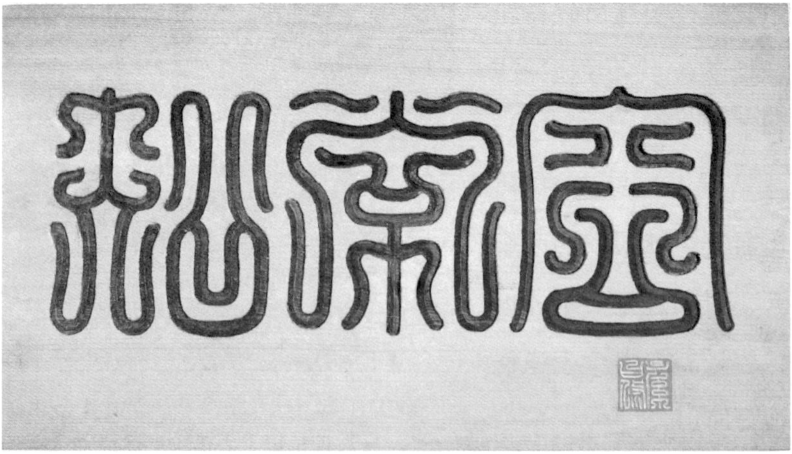

孙曰修篆刻的木匾“知常容”

爸爸离休后，专心钻研篆刻，成果颇丰。他亲手刻过一个木头牌匾：知常容。他这是鼓励我们，凡事先从调整好自我情绪和态度做起，要以灵活、包容的心态面对生活变化乃至人性变化。此匾一直挂在他的书房墙上，我现在才明白，爸爸对我们的教诲可谓用心良苦！

爸爸说过，这世间没有一样东西是永远属于你的，包括你最爱的人、养大的孩子、你的财富，你的身体最后也会回归尘土。人生如过客，最重要的是把握当下。

爸爸这一生，意志坚定，百折不挠。他在人生的每个重要阶段，面对的大多是困境，但他会利用有限的资源和机会，坚持深耕，把握当下，这才有了后半辈子的苦尽甘来！他活到 96 岁，没有辜负自己的年华！

2020 年 10 月，94 岁的孙曰修乘缆车登上司马台长城后，与妻子、女儿合影留念

爸爸平时喜好读书、篆刻，很少运动，只对打日本鬼子、抗美援朝题材的电视剧情有独钟。爸爸生活规律，耳聪目明，身

2022 年中秋节，孙原为爸爸孙曰修送来亲手制作的五仁月饼，爸爸非常高兴

体好，手劲大，掰腕子一般人掰不过他。爸爸胃口也好，八一建军节我给他卤牛肉，元宵节给他蒸花馍，中秋节给他做五仁月饼……他都特别高兴。我一有空就带爸妈出去吃饭、逛街、郊游，尽心尽力地回报爸妈的养育恩情。后来爸爸年纪大了，身体也大不如前，偶尔会因病在解放军总医院住院治疗。

在我脑海里，有三次难忘的记忆，是爸爸与我在医院共处那些时刻留下的。在离死神最近又求生有望的地方，爸爸最后教给我，如何把握当下，如何乐观生死。

第一次，是爸爸 2022 年 7 月 6 日住院。

爸爸因发现很轻微的脑梗，住院输液做保健性治疗。他病情很轻并不影响日常生活和思维、言谈等行为能力。我那时刚退休不久，便主动要求陪床，好好伺候爸爸。那十个日日夜夜，是爸爸给女儿的恩赐，我们父女静谧独处，无话不谈，仿佛世界都安静下来了，时钟也停止摆动了。我难得跟爸爸独处，那段时间，我仿佛又回到小时候跟随他去大自然探险，父女俩每天无忧无虑，观天象星辰，看日落月升，瞧万家灯火……父女亲情山海皆可平。我们散漫地聊着，没有固定话题，尽情地追寻那久远的记忆，聊到兴头上相视一笑，恍然很多顿悟。

爸爸的病房楼下，有一间面积很大的平房，从楼顶看呈正方形，平时大门紧闭。爸爸经常站在楼道里，透过楼上的窗户俯视着这间平房，沉默不语。终于有一天，我问他，那是什么地方？他告诉我，这是太平间旁边的告别厅。他平静地说："我去过几次，去送过老战友。在那里参加过告别仪式，有一回告别仪式的主题是老兵魂归故里，办得很感人。"爸爸沉默许久，又缓缓说："我很知足。打仗的时候，没有办法考虑生死。后来，我想，我能活到看你长大，就满足了。再后来我又想，能活到看着你结婚，没想到现在辰辰（外孙）都长大了……我当了一辈子兵其实没啥要求，要是我死后，组织上给我也这么办个仪式，我这辈子可就圆满了。"我拉着爸爸的手说："您别！我们还等您百岁给您祝寿呢！”他淡淡地一笑，安慰我说:“咱们珍惜，先过好当下！”

第二次，是12月9日爸爸不幸感染新冠病毒，在家隔离了七天高烧不退，12月16日被紧急送进解放军总医院呼吸科急诊部救治。

令我惊讶和感动的是，被送医院的前一天晚上，爸爸平生第一次也是最后一次，请妈妈接通微信视频，爸爸说想我了要看看我。看到视频中的爸爸我非常意外，爸爸满脸笑意说没有什么事儿，他挺好的就是想我了，想看看我。我惊喜又感动，泪眼模糊地看着爸爸，他脸色苍白，有些虚弱，精神也不太好，身体状况令人担忧。谁想到第二天早上就接到妈妈电话说，爸爸病重已叫救护车送到医院了！或许前一晚那唯一的一次视频已经预示了别离……

接下来的三天，全家老少赶往医院，自发轮流排班看护爸爸。12月19日，爸爸病危，转解放军总医院西院国际部呼吸监测中心监护，那里都是新冠肺炎高危患者，管理极为严格，要求患者身边只能留一个人陪护。我身体健康还没有被新冠病毒感染过，就再次主动请缨，留在重症室陪爸爸。

接连八个昼夜，爸爸与病魔孤军作战，父女近在咫尺却无法对话，生死一线没得选择。医院给爸爸上了呼吸机，嘴里和鼻子里都插了管子。他双目紧闭，毫无知觉。我每天对他说说话，我相信他听得见。我不敢哭出声，只能流着泪摸摸他的头，握紧他的手，希望我们父女还能一起挺过去。

爸爸在医院顽强地坚持了 12 天，最终还是走了。12 月 27 日 3:40，我的人生里，没有了爸爸！

第三次，是 12 月 30 日最后一次见到爸爸，正是在他曾经凝视的那个告别厅会堂里，短短数月，谁知从此竟是永别。爸爸穿着八路军的军服，新鞋新裤，脸红扑扑的，就像在床上熟睡，他的神态是那样的轻松、坦然，没有一丝痛苦的表情。坦然接受死亡，在生命的最后一刻回归平静——这就是爸爸对待生死的态度。

孙原制作的纪念牌。此牌已随孙曰修的部分骨灰安放在北京八宝山革命公墓

我小心翼翼地上前握住他熟悉的大手，抚摩他宽厚的额头，但是如此的冰凉刺骨，刺得我撕心裂肺，万念俱灰。爸爸对我的养育恩情，即便为他赴汤蹈火也无以为报，如今父女天各一方，留给女儿的只有无尽的心痛。

爸爸说得对，一个人的死亡，冥冥之中早有安排。无论死亡让我们多么惧怕，重要的是珍惜当下，不辜负每一天的时光。

爸爸 76 岁时，曾以鸟虫篆体刻下一方印：留正气给天地，遗清名于乾坤。现在，我用这方印为他制作了一个送别纪念牌。我觉得，爸爸在 20 年前刻下的这两句话，仿佛就是他自己的生命写照。

爸爸还说过，时间不是用来冲淡一切的，时间是允许我们去寻找自己所需的答案。

爸爸离开了，带走那份内敛而含蓄的父爱，如今再细细品味爸爸对我们说过的话，为我们做过的事，其实都倾注了很高的智慧和满满的爱意，只是我一直没有认真去寻找人生的答案，也领悟得过于迟钝。

2024 年 8 月 16 日，爸爸的骨灰安放仪式在北京八宝山革命公墓举行，告别厅里悬挂着国旗、党旗、八一军旗，正中摆放着爸爸的骨灰和遗像，仪式肃穆而庄严。一直给我肩膀支撑、呵护我的爸爸，长眠在八宝山革命公墓玉岑园。当天的告别仪式在下午两点开始，仪式过程中，乌云压境，大雨瓢泼。

当告别仪式结束后，雨过天晴。爸爸的墓碑上镶嵌的彩色瓷像闪闪发光，慈祥的爸爸身着八路军军服，满头银发，面带微笑，神采奕奕，仿佛在跟我说：爸一直都在！你们都要好好的！

我知道，爸爸的英灵，一定是安息在我望不到的天堂里，万道霞光，永远照耀着我们。

爸爸，我会按照您的指引，继续寻找人生未竟的答案。我坚信，您的爱，总会在不远的地方，一直守护着我们……

2024 年 8 月 16 日在八宝山革命公墓，孙曰修骨灰安葬仪式庄严肃穆

叶淑穗对孙曰修倾诉衷肠

孙原为孙曰修献上鲜花和供果

孙辈后代诉说思念之情

附录一　孙曰修文章收录

（一）我是怎样搞起篆刻的

我离休以后，于 1987 年参加了整理鲁迅收集的汉碑拓本和鲁迅录碑手迹的编辑工作，从中我亲见了古人篆书秀美多姿的风采，它们深深地吸引了我。在鲁迅藏的碑拓中还钤印了各种名家的印章，我看到了篆书在印章上的巧妙运用，因而引发了刻印的兴趣。开始，我只是给自己的孩子、爱人刻印。一次一位爱好书法的朋友让我刻一枚名章，此章刻好后得到了他很大的鼓励，这使我有了勇气。我从《金石萃编》中的《比干铜盘铭》开始，将所有能辨清的篆书碑文抄录一遍，并逐字注了释文，又买了许多有关篆刻的书认真自学，临摹汉印，刻各种闲章、名章。当刻到一二百方后，我方悟出了一点篆刻的道理，有了自己的体会，进而被一位篆刻和书法的老行家推荐加入了京华印社。在这里，我得到了老篆刻家的具体指导，技艺得到进一步提高。我感觉到篆刻中可学的东西太多了，并从中得到了无限的乐趣。

2022 年八一建军节，孙曰修的 12 枚篆刻作品入选驻京部队老首长主题书画作品展并荣获一等奖

篆刻是一门艺术，有着悠久的历史，有着严格的规范与运作的章法。要治一方印，先要审石之大小、方圆，从而决定取何种印式。再就是选字，一个字在篆书中有多种写法，特别是印篆，要求字与字互相配置、呼应协调。行字间贵在有情、有气。有情即字之正侧俯仰均行依顾，血脉相关；有气则在字的生动得势，虽细如牛毛，柔若轻棉，亦觉有神。有时为一个字的应用要查遍古今字典。这种功夫是在深入进去反复推敲之后才能得到的。印章的天地虽小，但技法是深广而辽阔的。方寸之地变化无穷，其乐亦无穷。

我热爱毛主席诗词，几年来刻了50余首毛泽东诗词，从而摸索了一套刻多字印的方法。刻多字印难度较大，因为一首诗词少则几十字多则百余字，要将每一字的线条均匀地组合在一方印石上，必须周密计划，严谨布局，精雕细刻，倘有败刀，即前功尽弃。所以每方印都凝结着篆刻者的心血。我刻的毛主席诗词被韶山毛泽东图书馆收藏，也曾在总后勤部组织的庆祝新中国成立45周年展览中被评为“特别奖”，还在其他相关展览中获奖十余次。

我全力投入篆刻活动已有五年，共刻了近500方印（5000余字），其中除毛主席诗词外，还有周恩来、朱德、岳飞等人的诗词，并有各种闲章、名章等。篆刻除了提高自己的艺术修养、篆刻技艺，还陶冶了情操。每当我身入此境，诸事皆忘脑后。篆刻也是一种强身的活动，也可说是一种气功。它在运刀时，要全神贯注，手如持重，力从心发，通过臂肘运至刀角上，有时刻到关键之处，还要屏住呼吸一气呵成。尤其是在自购石料，自己锯磨印石时，更是汗流浃背、腰酸臂痛。它是一种并不轻松的运动。再者由于篆刻，我与

“耕心种德”印，孙曰修生前最喜欢的一方印

石头结了缘。我不单是买石，还四处寻访奇石，几年来收获颇大。从某种意义上讲，我也可称得上是一个小小的奇石收藏者。这之中的乐趣也是无穷的。

载于总后老年书画研究会编：《十周年纪念集》，
1997 年 3 月，出版时有少量改动

（二）拟定多字印印稿的几点体会

我喜欢鸟虫篆和多字印，作这样的印在拟定印稿时难度较大，但从中可得到许多乐趣。现就简单介绍我在拟定印稿上的几点体会：

1. 确定印文与选择印石。在作印中，有时根据现有印石来确定印文，有时根据印文（字数的多少）来选择印石。当印石与印文确定之后，再根据印（石）面的轮廓，在坐标纸划出印稿内（白文印可不划内边线）外边线（外边线即石头印面的四边），而后根据印文字的多少以相同的宽度划出既定的行数。最后，量出每行字应有的长度（以内边线为准）。

2. 选字。分初选和定选，初选就是把全印文的字逐个从工具书上找出来（对生僻字一定要查权威的工具书），并要多选出几种不同的增减笔画和篆法的字，以做备用。之后再将每个字的横笔数，标在字头的一侧备选。最后，将全印文中每个首选字的横笔加在一起（竖笔多的字可适度折合为横笔计算）作为全部印文的总横笔数，以便于全印文的分行。

孙曰修篆刻的毛泽东诗词作品《沁园春·雪》

3. 布局。为了保持印文布局的匀称妥帖，每个字均以横笔的数量来决定该字在本行中的占地面积，即横笔多的字占的面积多，反之则少。特别是印文字数较多的印，在分行时，要尽可能通过换字或增减笔的方法调整到每行的总横笔数近于相等。

4. 组字。为了保持印文的字形、笔法的统一，对选出的不同篆体的字，不同笔法的线条要进行变通。决不可将不同字体不同风格的字原封不动地从工具书照搬到印面上。为了字体的美观和整体章法的需要，可将印文中的某个字作方形或长形的变化而移动文字的某个部件（见说文解字），以使其与整体布局相适应。在作此种文字变形移动时，保持字的部件整体移动，并且必须在符合六书和篆法要求的前提下变化统一，以保证字体变动后不致变成别的字义。

在上述工作完成之后，你就会得到一张属于自己风格的印稿。

以上仅为个人的认识，有不当之处希望指正。

载于京华印社编：《京华印苑》，
2005 年 12 月，出版时有少量改动

（三）关于书法作品中署款和印章的初探

一个书法爱好者初学时常对作品的正文创作倍加重视，然而在署款、印章方面则有所忽略。如果在创作完成之后，先将作品挂在墙上，自己审视几天之后，再拿出来参展，我想一定会有所得。下面主要谈谈署款和印章问题。

署款，主要是起注明正文出处、时间、地点、姓名等作用。印章，则主要起“取信于人”的作用。书法创作者有时会不注意署款和印章对整幅作品的影响，因此造成布局的不协调，结果

2019 年 11 月 17 日孙曰修荣获“江山如画”第十届电视书法大奖赛“耆英奖”。图为北京电视台颁奖仪式上，孙曰修受邀讲话

影响了整个作品的艺术效果。署款有单款、双款之分。单款，只写书写者的姓名。双款，是指上、下款。上款是索书者姓名或字号等；下款一般只写作者的名字，也可连姓带名一起写。书写的形式：上款和下款主要依据作品幅式和每行文字的多少决定其题写位置。同时又由于正文书体的不同，款识的书体也随着相应变化。如正文是篆，款识宜用隶书、楷书，这两种字体较规整，与篆书相协调。也可与正文用同一种字体，书写时最好比正文写得轻松一点。款字一般比正文要小，也可因布局需要同正文字大小相近，不过这种用法是较少的。

印章在书法作品中所起的作用很大。其一，它是创作者的标志；其二，它能弥补正文、书款章法上的不足；其三，它能起到美化书法作品的作用。因此历代书法家对印章的使用都极为重视。印章按印文凹凸有朱文（阳文）和白文（阴文）两种，按照用途一般有三种形式的印章，即姓名印、引首印、压角印，由作者随正文及款识的需要而使用。钤印的多少，取决于通篇书法的节奏感，不可多，亦不可少。要反复审视作品，合理运用。姓名印，朱文白文皆可。在钤印时不宜同用两个朱文印或同用两个白文印。如用两个印，应为一方名印，多是白文，一方字印（或斋号印），多是朱文。两印之间隔半个印或一个印的空白位。印章的大小，要与款字的大小相同或略小。清代《石村画诀》中说“用图章，宁小勿大”。但也因布局需要钤盖的印章大于款字的。引首印（闲章），在作品的右上方钤印，不要超过第一个字的上方（或在第一二个字间的右边上）要与左下方的姓名印呼应，宜用圆形、椭圆形、不规则的随形印。引首印的内容有年月印、斋号印、雅趣印等。压角印，在书法作品中用得不多，一般在大中堂或特长条幅上应用。钤印时注意，不可低于右下角最后一个字，最好在第一行的中下部疏处钤盖印章，要与引首印、姓名印相呼应。压角印的内容有诗词、格言等。

值得一提的是，上述印章的合理运用，再与白色的纸、黑色的字，形成三种色彩的强烈对比，会给读者一种洁白、清秀、典雅之美，故书法大家无一不重视印章的使用。《溪山卧游录》中说：“图章必期精雅，印色务取鲜洁。”否则会影响通篇书法的节奏感和艺术效果。现在我想借此机会再与我会一些书法爱好者谈谈我在一些小型书画展和有关宣传栏中偶有所见的几种情况：

1. 署款挤占了用印的位置；2. 署款字的大小与印的大小不谐调；3. 印章钤盖歪斜；4. 印迹泛油外扩；5. 印迹重影；6. 印迹中间印色轻淡和印文模糊不清；7. 随形印印文不端正。出现以上情况的原因及其解决的办法如下：

1. 选择几枚好印章，在考虑署款和用印时通盘计划，按前述使用姓名印的要求做。

2. 对印盖的歪斜和重影问题。此多为未用钤印工具——“印规”和操作不当、不慎造成。解决办法是买个印规，它是曲尺形“L”（也可按标准自做）。使用时先将“印规”在作品的用印部位放端正，再将印章打好印泥，一手按紧“印规”，一手将印章紧贴“印规”的内侧两边用力按下，在保证“印规”不活动的情况下取下印章。如果印文印得不理想，可重打印泥重新操作一遍即成。

3. 印迹油洇，此为印泥质量不好，或自己掺兑印油所致。必须更换书画专用印泥。

4. 印迹中间印色轻淡、印文模糊。可能是印泥出现干凝现象，可用骨扦（不可用金属物）顺一个方向搅动，直至印泥松软为止，若此法不成，必须更换印泥。当更换新印泥时，切不可与旧印泥混在一起使用。为了保证钤印效果，在钤印前先将作品的钤印部位下面用书本等物垫平，做好“印规”，再将印章面上的杂质用旧牙刷刷掉；打上印泥后，查看印面上的印泥是否均匀，有无异物，若有印泥块可用牙签挑开；将印章用力压下，二三秒钟即成。

5. 随形印的印迹是否端正，以印文为准。为保印文端正，可先在一小块纸上做一印蜕，待印泥干后将它放在作品需钤印部位的纸下面，透过纸张可看到下面的印迹，此时即可依此透影将印章钤上去。以上的办法虽然做起来烦琐，但效果尚可，不妨一试。

载于总后老年书画会编：《翰墨春华》，
2007 年 12 月，出版时有少量改动

（四）刻字浅谈

刻字艺术比刻印更能表达书法艺术的全面性，近些年来在日本、韩国发展较快，在国内南方、沿海地区的发展快于北方。北京市刻字协会于 1998 年成立并在北京市西城区文化馆组织了第一届刻字展。

一、刻字的材料和工具

1. 工具：各种型号和种类的刻刀（平刀、瓦楞刀、斜刀）、单刃和双刃刀及橡皮锤子。

2. 画笔（涂色用）、稿纸、复写纸、复写笔或圆珠笔。

3. 颜料：各种颜色的丙烯颜料（不能用油漆）。

二、拟稿、复印上板

三、刻字程序

1. 开槽：用较薄的双刃平头刀在两笔画中间直立下切（刻阳文），刀痕深度 1 厘米左右。

2. 粗刻：用单刃刀靠近笔画直立下切，刀痕的深度约 1 厘米，刻出笔画的概貌。

3. 细刻：用单刃刀紧沿笔画边缘直立下切。重点部位，笔画两端、转弯、死角及交叉处，各使用不同样式的刻刀完成。

4. 印章：用单刃的斜刀刻，深度比刻字的笔画深度略浅。

四、注意事项

1. 用刀要防止刀痕沿木纹开裂。

2. 清底要顺木茬清，避免逆茬。

五、上色

颜料的颜色要加水自调，多数颜色是由几种不同的颜色调成的。

六、用刀

开槽用双面薄刃刀垂直下切。

刻字画用平头单刃刀垂直下切，刻笔画两端和转弯处用瓦楞刀垂直下切，清底刀刃放手，刀杆倾斜平刻。其效果要有起伏感。

（五）浅谈刻字点滴

中国刻字，经历了6000多年的历史发展，共分五个时期，它的分期与汉字的渊源史、中国书法史、中国社会史有着密切的关系。具体划分有：旧石器和新石器时代的萌芽（起源）时期；夏、商、周、春秋、战国、秦代的成熟时期；汉、三国、魏、晋、南北朝、隋、唐的鼎盛时期；五代、宋、元、明、清的升华时期；从清末至现在的新崛起时期。

清代末年，随着中国封建统治的衰亡，刻字艺术也衰落了。新中国成立后，特别是20世纪70年代末，随着中国书法热的兴起，一批有志于刻字艺术的书法家，开始研究刻字理论和刻字创作。1991年10月中国书法家协会在广西柳州市举办《中国书法博览会》，闭幕期间宣布成立中国刻字研究会。1993年4月中国刻字研究会在洛阳市举办首届中国刻字艺术展，并召开了首届中国刻字理论研讨会。北京刻字研究会于1998年成立并在北京市西城区文化馆组织了第一届刻字展。

刻字艺术是人以强力促动锐利的刻刀，在成形的物质材料上塑造立体的书法线条的综合艺术，是以刀为笔，表现立体书法艺术的创作活动。刻字的分类大约有三种：一是按镌刻材料分类，有矿物岩石类、植物类、金属类、动物的骨甲类、陶瓷类、漆器类，以及其他砖、瓦、塑料等合成材料等。二是按表现的书体分类，有甲骨文、金文、石鼓文、小篆、隶书、楷书、行书、草书。三是以镌刻的技法和线条造型分类，有阳刻法、阴刻法、阴阳兼刻法。

阳刻法：将画以外的部分物质材料切去，线条凸出物质材料的平面，点画呈立体浮雕形象。它能使浮雕的质感和浮雕的线条、形象显得浑厚，线条的突起和富于弹性，造成物质材料向外围空间的侵蚀，似乎有一股张力，从材料内部向外波动，力似乎在线条中流动。

阴刻法：将表现书法线条的材料部分切去，使点画陷进物质材料内部，形成负空间线条。由于线条的本身契刻进一定的深度，呈现了凹陷造型，空间侵蚀了物质材料的部分实体，在光线的作用下，凹陷部分吸光，有明暗虚实的效果。

阴阳兼刻法：首先在点画线条边沿内施以阴刻法，再用阳刻法使其线条中心部分凸起，呈半浮雕的立体形象。这种刻法多见于名胜、寺院的匾额，由于线条的凹凸结合，压力与张力相争，虚实相争，阴阳互补，其质厚感也相当强烈。

刻字艺术历史悠久，内涵丰富，综合了书法的艺术美，契刻塑造的立体点画线条的形象美，材料质的自然肌理效应美，书刻技巧的表现美和工艺加工的装饰美。

立体的书法线条，是刻字艺术的基本特征之一，能更具体、直观地体现出书法线条的质厚感。不同的雕刻手法，能塑造出不同的立体形象，线条的粗与细、曲与直、虚与实、凹与凸、深与浅，能产生强与弱、柔与刚、轻与重、动与静、厚与薄的视觉效果，使书法线条质厚有强烈的变化，节奏和韵律更为生动。

刻字艺术是一种多门类艺术的综合艺术。初学刻字并不难，难在要达到艺术的高度。作为刻字艺术的创作者，必须不断提高自己的艺术修养。一个真正的刻字艺术家，首先要善书善刻，并能钻研刻字理论，如若能兼工篆刻、绘画或雕刻、文字、诗词、装饰工艺等，则有益于刻字艺术的创作和理论研究。

我也是初学刻字，作品粗陋道理浅薄，希望大家指正。

（六）对《鲁迅全集·书刊注释》的几点意见

最近为了弄清鲁迅藏书中的各种书籍的出处，故将《鲁迅日记》与《鲁迅全集·书刊注释》（以下简称《注释》）中之条目与鲁迅藏书逐一进行了核对。在核对中发现《注释》中尚有一些需要改进的地方。对此我以为很有必要提出，以供《鲁迅全集》再版时作为修正的参考。

《注释》中的漏误

一、遗漏书刊条目

1. 缺《新興演劇》和条目。据查 1930 年 8 月 24 日《鲁迅日记》记有“菅原英（胡儿）赠《新興演劇》(5)一本”（见⑭835页）。

2. 缺《血泪之花》的条目。据查1926年10月5日《鲁迅日记》记有“林仙亭来访并赠《血泪之花》一本”（见⑭619页）。

3. 缺《書物趣味》的条目。据查1933年11月1日《鲁迅日记》记有“得《書物趣味》……各一本”（见⑮107页）。

4. 缺西文书《Vincent Van Gogh》(《梵·高》)的条目。该书本属“Künstler—Mono-graphien”(《艺术家评传》)丛书之第118卷。1931年7月25日《鲁迅日记》记有“从丸善寄来书两本”（见⑭887页），同日书账记有“Vincent Van Gogh一本”（见⑭913页）。《注释》既未将该书注入《艺术家评传》丛书之条目内（见⑮864页），又未予以单独另列条目。

二、条目中的漏注

中文书刊有：

1.《语丝》条目中漏注“1928②26”。是日《鲁迅日记》记有“得小峰信并《语丝》八期”（见⑭703页）。其次还漏注“1929⑪16”。是日《鲁迅日记》记有“晚得小峰信并《语丝》”（见⑭787页）。

2.《译文》条目中漏“1934⑨14”（见⑮672页）。是日《鲁迅日记》记有“晚河清来并持来《译文》五本”（见⑮169页）。

日文书刊有：

1.《文豪評伝叢書》条目中漏注“1926⑦5”和“1927⑪22”。遗漏了四种书（见⑮790页）。该丛书鲁迅共分三次获得了六种（六本）。据“1926⑦5”《鲁迅日记》所记有“夜东亚公司送来……《现代文豪評伝叢書》四本”（见⑭606页）；“1927⑪22”《鲁迅日记》记有“往内山书店买……《ユゴオ》……各一本”，同日书账亦记有“ウイクトル · ユゴオ一本”（见⑭680、692页）。然而该丛书条目注称：《鲁迅日记》记有“《パィロン》和《ヴイクトル·ユゴオ》，这里指《バイロン》。——1926⑦19”（见⑮790页）

2.《现代仏蘭西文芸叢》条目中漏注了“1926⑦10”（见⑮824页）。是日《鲁迅日记》记有“夜东亚公司送来《仏蘭西文芸叢》一本”（见⑭607页）。

3.《小さき者へ》（《与幼者》）条目中漏注了“1929①20”（见⑮778、798页）。是日《鲁迅日记》记有“晨收侍桁所寄《小さき者へ》一本”（见⑭750页）。

4.《芸術論》条目中漏注了“1928⑪7”（见⑮810、769页）。是日《鲁迅日记》记有“又买书三种”、同日书账有“芸術論一本”（见⑭732、747页）。

5.《ブロレタリァ文学讲座》条目中漏注了“1933②13”（见⑮767页）。是日《鲁迅日记》记有“ブロ文学讲座（一、二）二本”（见⑮64、118页）。

6.《白と黑》条目中漏注了“1934②20”和“1935⑧20”（见⑮796页）。前者《鲁迅日记》记有“往内山书店得……《白と黑》（四十四号）一本”（见⑮134页）；后者《鲁迅日记》记有“内山书店杂志部送来……《白と黑》（再刊号一及二）二本”（见⑮241页）。以上两者该条目均未予注记。

7.《王样の背中》条目中漏注了“1934⑪3”（见⑮779页）。是日《鲁迅日记》记有“午后往内山书店，得……《王样の背中》各一本”（见⑮178页）。

8.《植物分类研究》条目中漏注了“1936⑤10”（见⑮829页）。是日《鲁迅日记》记有“上午内山书店送来牧野氏《植物分类研究》（下）……各一本”（见⑮297页）。

9.《开かれた处女地》条目中漏注了“1935⑨5”（见⑮832页）。是日《鲁迅日记》记有“下午得《开かれた处女地》一本”（见⑮244页）。

西文书刊有：

1.《Hermann Paul传》（《埃尔芒·保罗传》）。此书本属“Les Artistes du Livre”（《书籍插画家传》）之第五集（见⑮847页）。据“1929⑥5”《鲁迅日记》记，该书由季志仁购寄，同日书账记有“Hermann Paul传一本”（见⑥767、797页）。此书是鲁迅获得该丛书最早的一集。《注释》虽为其另列了条目作为互见，但两条目中均未注记“1929⑥5”获得该丛书第五集的时间（见⑮847、860页）。

2.“International Literature”（《国际文学》）条目中漏注了“1935⑧8”（见⑮862页）。是日《鲁迅日记》记有“得S. Dinamov信并德文《国际文学》（五）一本”（见⑮239页）。

3.“Mein Stundenbuch”（《我的祈祷》）条目中只注有“1930⑩28”，而漏注了“1930⑧18”。据《鲁迅日记》所记，前者“1930⑩28”为“下午以重出之《Mein Stundenbuch》一本赠镰田政一君。”（见⑭843页）鲁迅这里所说的“重出”是指与《F. Masereel's Bilder-Romane》（《麦绥莱勒连环图画集》）中的六册之一《我的祈祷》而言（见⑮857页）。那么哪来的“重出”呢？这就是前面所说的该条目中漏注了“1930⑧18”之故。是日《鲁迅日记》记有“收诗荃所寄书一包十二种〔本〕”，同日书账记有“Mein Stundenbuch一本”（见⑭835、858页）。

4.“The Phaedo of Plato”（《柏拉图的斐多篇》）条目中漏注了“1930⑥11”（见⑮872页）。是日《鲁迅日记》记有“收英伦金鸡公司所寄Plato's《Phaedo》一本，为五百本中之第六十四本”（见⑭826页）。

5.鲁迅于1931年5月24日和7月24日先后两次购得珂勒惠支的二十二枚原版画（见⑭879、887页），却未予建立条目。

三、误注

1.《春蚕》条目中“指见”《日记》的日期“1935⑤17”（见

⑮693 页）系误注。经查《鲁迅日记》此书乃是“1933⑤17”“玄珠来并赠《春蚕》一本”（见⑮80 页），而“1935⑤170”则无此项内容。

2.《扬子法言》条目中“指见”《鲁迅日记》的日期“1932⑤1”（见⑮650 页）系误注。经查《鲁迅日记》，此书乃是“1923⑤1”所买。是日《鲁迅日记》记有“往商务印书馆……买……《法言》一本”，同日书账记有“扬子法言一册”（见⑭453、480 页）。而“1932⑤1”则无此项内容。

3.《忠义水浒传》条目中“指见”《鲁迅日记》的日期“1921②26”（见⑮682 页）系误注。经查《鲁迅日记》所记为“1921②16”。“其中堂寄来……《忠义水浒传》前十回五册”（见⑭410 页），而“1921②26”并无此项内容。

4. 日文书《最新思潮展望》，《注释》中该条目的注头为《最近思潮展望》，误将“新”字注为“近”字（见⑮830 页）。经查《鲁迅日记》所记，“1933⑤19”记有“买《最新思潮展望》一本”，同日书账亦记有“最新思潮展望一本”（见⑮80、120 页）。

5. 误将原版画注入画集。1931 年 8 月 20 日鲁迅为“酬谢教授木刻术”之情，将以前所购得的珂勒惠支的《Weberaufstand》六枚原版画赠送给内山嘉吉。而《注释》却将该日期（即“1931⑧20”）误“指见于”珂勒惠支所作柏林富尔希艺术出版社出版的“Ein Weberaufstand，Bauernkrieg，Krieg”（《织工起义，农民战争，战争》）的画集条目中（见⑮855页）。所以说是误注，因鲁迅所赠之画不是本画集之物，而是鲁迅所购之二十二枚珂勒惠支原版画中之六枚。

《注释》规范不一

一、同一画帖列两个注条

在《注释》西文部分的《K. Kollwitz画帖》(新版《凯绥·珂勒惠支画帖》）条目中，“指见于”《鲁迅日记》的日期为“1932⑩15”（见⑮863页），查实《日记》为“以新版K. Kollwitz画帖赠坪井学士”（见⑮35页）。那么该“新版画帖”是从哪里来的呢？经查在《注释》中的另一“Käthe Kollwitz Mappe”（《凯绥·珂勒惠支画帖》）条目中，注有“德国珂勒惠支作，艺术出版社（Kunst—Wart）编。一九二七年慕尼黑艺术出版社出版。—1930⑦15。1931⑥23”（见⑮863页）。查《鲁迅日记》所记：“1930⑦15”为：“收诗荃所寄Käthe Kollwitz画集五种”，同日书账所记有“Käthe Kollwitz Mappe一帖”（见⑭831、857页）；“1931⑥23”为“得诗荃所寄……Käthe Kollwitz Mappe画选各一帖，十六及十二枚”（见⑭883、913页）。这样该条目中先后两次共买得二帖。由此可见，鲁迅于1932年10月15日赠坪井学士的画帖，即是《凯绥·珂勒惠支画帖》条目中所注释的两画帖中之一帖。应合并于此注条中。

二、两条目互见二者均不“指见于”《鲁迅日记》所记

1.《小さき者へ》(《与幼者》)。此书是“1929①20”侍桁所寄(见⑭750页),但该条目中仅注称此书为“《有岛武郎著作集》第七辑”(见⑮778页)。然而《有岛武郎著作集》条目亦未见注有“指见于”“1929①20”的《鲁迅日记》所记的日期(见⑮798页)。其结果是形成漏注。

2.《芸術論》。此书是“1928⑪7”所买,是日《鲁迅日记》记有“又买书三种”,同日书账所记有“艺术论一本”(见⑭732、747页)。《芸術論》条目中却指“见《マルクス艺术论》”(见⑮801页)。然而《マルクス艺术论》的条目中,并未有“指见”“1928⑪7”的日期(见⑮769页)。

3.《開かれた处女地》。此书购于“1935⑨5”(见⑮244页),该条目却不注,仅指“见《ヒラカレタ处女地》”(见⑮832页)。然而《ヒラカレタ处女地》条目中也未注有“指见”“1935⑨5”购买该书的日期(见⑮766页)。

三、“指见”《鲁迅日记》内容要求标准不一

这里主要是对《鲁迅日记》中某书稿的“指见”。特别是对在《鲁迅日记》中间接反映出的有关书稿,有的纳入《注释》作为“指见”内容,有的则不用。如在《语丝》条目中,《注释》“指见”的“1926⑪8”(见⑮703页)。是日《日记》所记有“寄李小峰稿〔2〕”,月末注释〔2〕注:“即《厦门通信(二)》。后收入

《华盖集续编》”（见⑭623、626页）。经查《华盖集续编》中《厦门通信（二）》的注释，才知道“本篇最初发表于一九二六年十一月二十七日《语丝》周刊一零七期”（见③373、375页）。此“指见”内容尽管绕弯过大，但仍为《注释》“指见”于条目。然而有比上述“指见”内容更为直接和比较重要者而未被《注释》“指见”于条目的。如《文艺研究》中的“1930④26”，其《日记》所记为“寄陈望道信并稿[2]”，月末注释〔2〕注：“为《文艺研究》第一期原稿。鲁迅编讫后寄陈望道付排”（见⑭820、821页）。再如《语丝》中的“1928⑦17”。是日《日记》所记有“得徐诗荃信并稿[6]。”其月末注释〔6〕注：“即《谈谈复旦大学》。徐诗荃作……鲁迅将之发表于《语丝》周刊第四卷第三十期”。“此文揭露了复旦大学的腐败现象”。致后成为国民党浙江“省党部一九三零年呈请通缉鲁迅的原因之一”（见⑭720、721页）。以上两者“指见”内容虽然比较直接而又重要，但均未被《注释》“指见”于条目。

四、书刊条目的文种区分有混淆

1.《通俗忠义水浒传》。此为日文书籍，系日本冈岛朴编译。于“1923⑪14”为日本藤冢教授所赠（见⑭472页）。《注释》却将其条目置在中文书刊部分（见⑮720页）。

2.《游仙窟钞》。此书为日本刻本，乃沈尹默所寄（见⑮326页），“书中间有日文注释和插图”，其条目却为《注释》立在中文书刊部分，并将获得该书的日期“1929②17”“指见”于1929

年上海北新书局出版的中文书《游仙窟》(见⑮739页)。

3.《画图醉芙蓉》。此书系“1929④5”其中堂所寄。为“日本文化六年(1809)江户青藜阁刻本”，其条目亦被《注释》置中文书刊部分(见⑮679页)。

4.《忠义水浒传》。也是于“1921②16”由其中堂寄来，亦系日本刻本，其条目亦被置在中文书刊部分(见⑮682页)。

以上四种日文书均未在日文书刊部分另列条目互见。然而如:《弥耳敦失乐园画集》《苏俄美术大观》《苏联文艺丛书》等日文书,《注释》均将其条目列入中文书刊部分，并分别将其以《ミルトン失乐园画集》、《ソウエートロシヤ美术大观》和《ソウエートロシヤ文芸丛书》的名字在日文书刊假名部分另列了条目作为互见。

此外，还有《竹谱详录》。此书系画谱，也是日本刻本，鲁迅于“1921⑤17”获得(见⑭418页)，其条目也被列入了中文书刊部分(见⑮652页)。而日文书刊部分亦未作条目互见。却将《鲁迅日记》中所获得该书的日期“指见”于日文书刊汉字部分的《虫类画谱》条目中(见⑮798页)。据查该两书虽均为画谱，但既不是一书二名的关系，也不是丛书和分册的关系。

五、丛书条目中有注释不全的问题

在《注释》的丛书条目中有一部分未注明其各分册的名称、卷(期)号，也没有将其各分册另列条目互见，致使有的分册在《注释》中与丛书脱离了关系。如：西文书刊中的“Roter Trommler”（《红鼓手》），在《鲁迅全集》书账中明确地记有“Roter Trommler2—9 八本”（见⑭858 页）。其中“2—9”，即为 2—9 期。《注释》在该条目中却未予注录（见⑭874 页）。再如西文书刊中本属《红鼓手》第一期的“Die Jagd nach dem Zaren”（《猎俄皇记》）和属于“Känstler—Monographien”（《艺术家评传》）第 89 卷之“Francesco de Goya”（《法兰西斯柯·德·戈雅》）均未注录在其各丛书之条目内，而是各自另列条目，并且也未注记各自与丛书的关系（见⑮862、858 页）。

以上所述的几点意见，仅为自己个人的看法，由于水平和条件的关系，可能有许多不当之处，希提出批评指正。

载《鲁迅研究月刊》1993 年 11 月，此处版本引用的是人民文学出版社 1981 年版《鲁迅全集》16 卷本

（七）对《鲁迅蒐辑碑拓辑述》读后有感

《鲁迅研究资料》第十九辑所载的《鲁迅蒐辑碑拓辑述》（以下简称《辑述》），对鲁迅 1912—1915 年间所收辑的碑拓，作了比较详细的介绍。这是前所未有的，使人读后很受教益。由于年

代久远，石刻数量大，品类繁多，而其文字、年代多有不可辨识之处，其历史背景亦有不可考者，所以能作出这样的介绍已非易事。从而可以看出《辑述》的作者确实搜集了许多有关资料，并作出了很大的努力，其成绩是可嘉的。然而读后感到尚有不足和难解之处。由于本人对金石方面是外行，仅提出以下几点看法，供研究指正。

我认为“辑述”鲁迅蒐集碑拓，应该紧紧抓住“鲁迅”的特点，就是从鲁迅搜集、审考、录文、校勘和整理碑拓的全过程据实介绍他的特点，并从中反映出鲁迅辑碑的目的与意义。我为了探索鲁迅辑校的特点，仅将《辑述》与北京鲁迅博物馆和上海鲁迅纪念馆共同编辑，于 1987 年 7 月出版的《鲁迅辑校石刻手稿》(以下简称《石刻手稿》相对照)，因之更感到《辑述》的介绍不足。首先《辑述》在介绍中，论及鲁迅“蒐辑”碑拓的情况太少，但从书法的角度评论较多，其中有不少“书法圆活”“书风劲俭”“篆书隶法，字体奇伟”“笔力古厚可珍”等词。这虽无不可，但并非鲁迅辑碑的重心所在。如:《瘗鹤铭》,《辑述》对鲁迅所得的是“水前拓本”并未提及，却用了许多文字去介绍何为“水前拓本”和何为“水后拓本”以及“此石向称书法名作，历代流传，影响很大，摹刻亦多”等。我认为鲁迅研究石刻的目的并非仅限于此，而且对此亦无多评论。《辑述》介绍的内容应更广泛些。

《辑述》介绍鲁迅蒐辑碑拓，虽限于《鲁迅日记》和书账“所载的部分碑拓”，但不应遗漏有鲁迅抄录并作了考证的部分。查《鲁迅日记》，在 1912—1915 年所搜集的碑拓有 121 种，《辑述》只介绍了其中的 95 种，尚有 26 种未提及。其中碑铭 6 种，造像 14 种，画像 5 种，墓志 1 种。如：鲁迅 1915 年 7 月 10 日的日记中：“买《张荣千〔迁〕造象记》三枚，《刘碑》《马天祥造像记》各一枚，《岐州舍利塔下铭》一枚”，而《辑述》只介绍了前三种；又 1915 年 7 月 17 日的日记中：“下午往留黎厂买《高伏德等造像》三枚北魏景明四年，石在涿州，直五角；《居士廉富等造像》二种四枚东魏和二年一枚，又武定八年一枚，河南新出土，直三元。”而《辑述》则全未提及；又 1915 年 12 月 11 日的日记中：“买王僧、李超墓志共三枚……又《无极山碑》一枚，《陈君残碑》并阴二枚，《青州默曹残碑》三枚，《孝宣公高翻碑》一枚，《标异义乡慈惠石柱颂》共大小十一枚，《孙宝憘造像》等共六枚，《仲思那造桥记》一枚。”而《辑述》对后三种则未予提及。经查《石刻手稿》得悉，《辑述》所介绍的 95 种碑拓中，有 18 种是鲁迅未曾校录过，《石刻手稿》亦未载的。反之，《辑述》未予介绍的 26 种碑拓中，鲁迅有录文的却有 13 种。为了便于研究，兹开列如下：

《仲思那等造桥碑》

《孔子见老子画像》

《慈惠石柱颂》

《田僧敬造像记》

《垣周等修塔像记》

《钳耳神猛造四面像记》

《夏侯纯陁造像记》

《薛贰姬等造铁丈六像记》

《廉富等凿井造像记》

《常岳等造石碑像记》

《贾道贵等造像记》

《孙宝憘造像记》

《高伏德三百人等造像记》

以上 13 种碑拓，在《石刻手稿》中都有鲁迅亲手摹录的碑文和抄录的有关金石著作的案跋，有的还有鲁迅的眉批、校文和案语。如:《慈惠石柱颂》即有录文 40 页（见《石刻手稿〈碑铭〉》1051 页）。又如:《田僧敬造像记》鲁迅除了校勘出 9 处缺误之处，还加有案语（见《石刻手稿〈造像〉》1247 页）。

在 1915 年 8 月 3 日的日记中有:“从敦古谊购《寰宇贞石图》散叶一份，五十七枚”，《辑述》也未予提及，因为鲁迅曾付出了很多心血重编了杨守敬的《寰宇贞石图》，此书已于 1986

年由上海书画社出版。

《辑述》名为《鲁迅蒐辑碑拓辑述》，但所介绍的碑拓，很少联系鲁迅校碑的特点和鲁迅辑校此碑的实际情况，仅有“有鲁迅手抄稿”几个字。在所引的内容中，有些与鲁迅所注录的还颇有出入。如：《辑述》介绍的《魏黄初十三字残碑》云：“拓一。残碑共四块，其中一块有十三个字并书‘黄初五’字样，故被认作魏黄初五年（公元 224）刻，在陕西郃阳出土。字隶书，有方劲截铁之妙，为三国魏隶之代表作。有鲁迅手抄稿。”查鲁迅 1915 年 6 月 15 日日记中，确与上述名称相同，但查《石刻手稿》却分成了《黄初残石》和《十三字残石》。《黄初残石》计三块，共 23 字，并在第二石末行无字处刻有“乾隆元年夏五既望得于洽易萃野……”（见《石刻手稿〈碑铭〉》417 页）。而《十三字残石》则录有“存四行，行三字，第二行，多一字，今泐……”（见《石刻手稿〈碑铭〉》429 页）。

《辑述》联系鲁迅校碑的特点不足，大致可从三个方面来看，一为订名，二为形制体例，三为录文校文。

碑拓的订名。除上述《辑述》介绍的《魏黄初十三字残碑》与《石刻手稿》颇有出入外，还有《永明造像记》在《鲁迅日记》中称《妙相寺造像》和《永明造像记》（见鲁迅 1915 年 3 月 17 日和 4 月 10 日日记）。《辑述》云：“此拓包括《吴郡造维卫尊佛记》与《妙相寺石佛题字》二种，故寄来二枚。”而《石刻手稿〈造像〉》(5页，则称《吴郡造维卫像记》，鲁迅在抄录《两浙金石志》的案旁又加注云：“南齐妙相寺造像题字。”又《鲁迅日记》称《隋比丘僧道玩等造像》，而在《石刻手稿〈造像〉》(179页)中则称为《薛凤颜等造像》;《鲁迅日记》称《孟广宗碑》，而《石刻手稿〈碑铭〉》(345页)中称为《孟琁残碑》;《鲁迅日记》称《丘始光造像》，而《石刻手稿〈造象〉》(529页)中称为《巨始光等造象碑》;《鲁迅日记》和《石刻手稿〈碑铭〉》(1149页)中称《曹恪碑》，而《石刻手稿〈校文〉》(997页)中称为《曹祓乐碑》；等等。特别是像《鲁迅日记》中称《无极山碑》，但在1915年的书账中加注云：“案此三公山神碑也，目误。”《辑述》应据此按鲁迅语予以更正和注明。根据以上碑拓订名的差异，我认为《日记》的订名，多是未经审考的，故《辑述》应根据鲁迅校勘过的《石刻手稿》订名，将其不一致的进行订正和说明。其次，在碑拓订名中《辑述》也有差误，如：《跳山摩厓》通称《大吉买山地记》，《石刻手稿〈碑铭〉》(57页)中称《昆弟六人造冢刻石》，而《辑述》云：“通称《大吉山买地记》”，(“买山”二字误植为“山买”)；又《同州舍利塔额》(见《石刻手稿〈碑铭〉》1255页)，而《辑述》将“塔额”误为“塔下铭”；《李氏合邑造像碑》又名《李显族造像碑颂》(见《石刻手稿〈造像〉》313页)，《辑述》则将“族”误为“祖”字；《关胜颂德碑》(见《石刻手稿〈碑铭〉》929页)，《辑述》将“颂”

误为“诵”字。

碑拓的形制体例。石刻的形制体例在介绍碑拓中十分重要，它一般包括刻石的大小尺寸，形状，字、像的布局，刻文的书体及刻石的所在处等。这些是体现研究者对刻石准确的注录。在《石刻手稿》内，1912—1915 年的 121 种拓片中，鲁迅记有刻石形制体例的就有 91 种。然而《辑述》在介绍的 95 种碑拓中，形制体例大都不全，有的与鲁迅校录的也有差异，有的甚至完全没有石刻形制的介绍。如：《辑述》中的《张敬造像》，仅记：“详称《张敬造释迦像》，东魏元象元年（公元 538）造，题记有鲁迅手抄稿”，而鲁迅在“东魏元象元年六月廿一日”的《张敬造释迦像记》中则记有：“石柱存下端高一尺九寸，六面各广六寸，刻存二层。上层佛像各一堪，堪下题字，第一、第二、第六面各六行，第三、第四各七行，第五面四行，行三至五字；下层第一、第二、第五面记文各六行，第六面四行，行七字，第三面阙，第四面佛像一堪，题名一行四字。均正书。在山东诸城王氏。”（见《石刻手稿〈造象〉》271 页）在《辑述》中，对有的石刻虽注了石刻的形制，但与鲁迅所注出入较大，如《辑述》所述《跳山摩厓》为“拓高四尺五分，宽五尺五寸”，而鲁迅则记为“摩佳刻高六尺，广五尺”。再如《辑述》所说《张思文造像题记》，其注录为“在山东诸城，该刻中间断落，残存十五行，楷书，字体整峻”，而鲁迅的注录则是“石坐高七寸二分，广一尺五寸三分，正面供养像二人，题字二榜。右侧三人，题字三榜，左侧记十行，后面五行，行五字，正书。在直隶留黎厂。”此外，尚有数处有差异。如：《李氏合邑造像碑》（即《李显族造像碑颂》），关于此碑的下落，《辑述》云：“在河北正定。”而《石刻手稿〈造象〉》（313 页）中云：“在河南滑县。”又如：“《爨龙颜碑》，《辑述》仅云有“楷书二十四行，行四十字。”碑阴刻职官题名三列，每列十五、十六、十七不等，额楷书阴文六行，共二十四字。”而《石刻手稿〈碑铭〉》（577 页）中则云：“碑通高一丈三尺五分，广五尺二寸，二十四行，行四十五字，额高三尺四寸五分。上中央朱鸟。左右龙，下中穿，径七寸五分。左右日月，各径七寸，日中刻骏鸟，月中刻蟾蜍。穿上高一尺一寸五分，广二尺六分，题字六行，行四字。碑阴题名左右各三列，行数字数不等。正书。”再如：《樊敏碑》，《辑述》云：“……隶书，二十一行，行二十九字”。而《石刻手稿〈碑铭〉》（313 页）中则云：“二十三行，行二十九字，隶书。”

碑拓的录文和校文。它是石刻研究者对碑拓研究的记实和成果，也是其研究的特点和精华所在。遗憾的是《辑述》在这方面却未予介绍。为了便于对鲁迅辑校石刻的研究，现分为录文和校文两个问题介绍如下：

这里所说的录文，主要是鲁迅摹录的碑文和辑录与此有关的研究资料。鲁迅摹录碑文是十分艰辛的，他将每种石刻的原文，均依其字体摹写，对石刻漫漶处，间作校补。在121种碑拓中，他摹录碑文的就有91种，并在碑文之后以工整的小楷辑录了宋明以来金石著录及地方志记上记的有关资料，间有眉批、夹注和案语，文字多达528页。如：《慈惠石柱颂》，《石刻手稿〈碑铭〉》（1051页）中除录有“颂”的全文之外，还抄录了《太平寰宇记六十七易州易县》《明一统志》《京畿金石考》《续寰宇访碑录》《畿辅通志一百五十》《光绪定兴县志十六》等的案和沈曾植《跋》，文字长达40页之多。又如：《高翻碑》，《石刻手稿〈碑铭〉》（841页）中，除摹有篆书碑额和正书碑文外，还抄录了《金石录》《宝刻丛编六引访碑录》《兹州志》《畿辅通志百四十八》《唐风楼金石文字跋尾》等案和跋，录文达9页。再如：《臧质墓志》，《石刻手稿〈墓志〉》（693页）中，除了录有志文，还抄录了罗升棓附刻的《跋记》、彭水县事山右张尚浴的《敬跋》及重庆镇总兵傅崐夔州府通判瑞思、奉节县典史凌云、夔州府教授康林扶等十余人的观碑记，录文达6页。关于鲁迅的眉批、旁注和案语有：《刘碑造象记》，在《石刻手稿〈造象〉》（677页）中，鲁迅录完该碑文和《金石萃编（三十三跋）》之后，写道：“案碑‘竖目’不作‘竖日’、《萃编》误看。”又如：《宋买造像》，鲁迅在校文之后写道：“案以为碑阴正面堪缘题字一行漫漶，左侧李妙胜等题名七行，右侧马王容等题名四行俱失录，《匋斋臧石记》不载。”（见《石刻手稿〈校文〉》974页）[笔者

注：此文中的“俱失录”是指《偃师金石遗文记》和《金石萃编》俱失录，鲁迅在录文中已补正（见《石刻手稿〈造像〉》777页）。] 再如：《李超墓志》，鲁迅在校文之尾写道：“案志云‘正光五年八月卒，越六年正月葬’者，为正光六年。《萃编》以为绵历六年。目录云永安二年，非是。”（见《石刻手稿〈校文〉》983 页）

校文。它是鲁迅校勘补正碑拓的记录，也是收罗以补，正其是非的一项十分艰巨而繁重的工作。校勘者需有丰富的学识和占有充分的有关资料。查《鲁迅日记》，仅从 1912—1915 年鲁迅就蒐集有:《京畿金石考》《绍兴府碑目》《金石契》《石鼓文释存》《山右石刻丛编》《金石萃编校字记》《金石萃编》《寰宇访碑录》《金石续编》《越中金石记》《两汉金石记》等四十余种金石论著，有的还作了录补和整订。

鲁迅对他所收集的碑拓的校勘，花费的功夫最多。他校勘碑拓是以石刻本有关金石著作和地方志记相对勘。如：校《凝禅寺三级浮图碑》在校文中记有：“陆曾祥据沈氏《常山贞石志》校，补字、旁注与沈异者，则注云沈作某，大抵沈是也，今不复举。举其沈误，此是及沈陆俱误者。”（见《石刻手稿〈校文〉》947 页）鲁迅再 121 种碑拓中，作了补正的就有 23 种，写《校文》达 51 页。其中补缺约 280 处，正误约 170 处。在补缺中最多的是《道兴造象记》（见《石刻手稿〈校文〉》981—990 页），如：

鲁迅在《石刻手稿〈校文〉》第 990 页写道："右第廿六至第卅一行残字，王失录，罗亦未补。又疗癖方等三行，行廿一字；疗失音方等存十二行，行十五字刻别堪之左下方，字体相同，亦道兴等造，也不备录。"查《金石萃编》三十五卷北齐三《道兴造象记》，在其最后的一个药方云："噎方下阙每取口内酒中温服，又方舂杵头细糠下阙。"仅此几处鲁迅共补王昶失录 2200 余字。

鲁迅校碑既艰苦又认真，常为弄清拓片模糊不清之处，将拓片上的字迹对准日光反复审视。如《修邓艾祠碑》，校文中有："按碑之他面有文字漫灭垂尽，映日审之，穿上为额，似魏故太尉邓公□□□□□□堂碑十四字，分四行，行四字，魏字左半及故字、公字尤明晰。文惟前二行末五字可辨，第一行弘史存□立，第二行云门尽忠帝室，字体与郑能□修祠碑相类。"（见《石刻手稿〈校文〉》898 页）

鲁迅蒐辑碑拓是付出了很多的精力的，而录碑更是不畏艰辛，利用一切可以利用的时间，甚至除夕之夜。如鲁迅在 1917 年正月 22 日《日记》中写道："旧历除夕也，夜独坐录碑，殊无换岁之感。"他从 1912—1926 年（其中主要是 1915—1919 年）总共辑录和校勘的石刻拓本有 760 余种，计稿 1700 余页。这些成果的意义是不可低估的，不仅给历史研究者和书法爱好者以研究历史和书体及文字的演变提供了大量的宝贵史料，更重要的是，这些石刻拓本经过鲁迅精心的摹录和校勘补正，为金石研究也提供了大量资料。为此，希望鲁迅研究者们，能将鲁迅整个辑校石刻的情况和手稿进行整理后与广大读者见面，以裨益后人。这也是我写此文的目的。

载于《鲁迅研究动态》1989 年第 8 期

附录二　孙曰修生平大事年表

1937 年，在蓬莱龙山店孙家沟参加少年抗日先锋队。

1942 年，被村民推选为村长，从事抗战工作。

1943 年，参加八路军，先后被派至蓬莱县蓬东行署、胶东北海工商管理局、蓬福工商局工作，任总务会计。

1945 年，八路军胶东军区第 13 团、山东军区某师第 13 团教导营，教官，独立负责后勤管理工作。

1948 年，解放军华东野战军九纵第 25 师教导团，参谋。

1950 年，随中国人民志愿军第 9 兵团入朝参战，独立负责物资协调和保障工作。

1952 年，中国人民解放军后勤学院学习，本科毕业后留校，任后方勤务教研室教员。

1971 年，中国人民解放军总后勤部青藏兵站部格尔木大站，任副站长、站长。

1978 年，中国人民解放军后勤学院，科研部正师级研究员。

1984 年，离休。

1987 年，开始研究金石篆刻艺术，由此与篆刻结下终生之缘，并在鸟虫篆、多字印等技法上颇具特色，造诣深邃。

2015 年 9 月 3 日，光荣参加纪念中国人民抗日战争暨世界反法西斯战争胜利 70 周年阅兵盛典，乘坐抗战老兵方阵敞篷车在天安门广场接受检阅。

2019 年 10 月 1 日，光荣参加新中国成立 70 周年国庆阅兵仪式，作为抗战老兵方阵成员，在天安门广场接受检阅。

2022 年 12 月，不幸染病离世。

主要奖项

1995 年，参加日本富士山株式会社主办的“富士山杯”海内外书画大赛获荣誉金奖，作品赴日本两城市展出。

1998 年，获中国艺术研究院书法作品精品奖。

2004 年，获中国行政管理学会主办的第二届全国总后勤系统书法、国画、篆刻、摄影展一等奖。

2005 年，获文化部中国硬笔书法协会、中国书画研究院主办的“金鼎奖”全国书法美术大展赛（书法类）金奖。

2007 年，获大阪日中文化交流会、亚洲文化交流协会联合主办的第 23 届日本—中国国际书画大赛银奖。

2015 年，获首届中国老年篆刻艺术展一等奖。

2022 年，获“喜迎二十大　建功新时代”驻京部队老首长主题书画作品展创作一等奖。

作品被收藏情况

1993 年篆刻毛泽东《七律·长征》作品 1 幅，由韶山毛泽东同志纪念馆珍藏。

1996 年篆刻并亲手装订手拓本《毛泽东诗词五十首》1 册，由韶山毛泽东图书馆珍藏；2023 年 2 月，该馆追加收藏 3 首诗词篆刻作品，并合并装订为一册。据悉，这是该馆目前收藏的国内篆刻毛泽东诗词数量最多的手工线装册。

2001 年篆刻作品印屏 1 幅，由嘉兴市南湖革命纪念馆珍藏。

2001 年篆刻作品印屏 1 幅，由深圳市档案馆收藏。

2003 年受邀篆刻中央电视台的 9 个栏目名称，由中央电视台收藏。篆刻作品 1 幅，由中国画报出版社、人民画报社收藏。

2004 年篆刻手拓本《周恩来诗》1 册，由周恩来邓颖超纪念馆收藏。

2006 年篆刻印石 1 枚，由北京鲁迅博物馆收藏。

2012 年受“钱学森与中国航天”课题组委托，创作“钱学森百年诞辰纪念”印章并亲手拓印 128 枚制成藏书票，搭载中国神舟九号飞船，历经 13 天太空飞行返回地球。

后　记

2010年，我们曾筹划为曰修先生出一本《孙曰修篆刻集》，特请张应先生创办的张应艺术工作室负责编辑制作。篆刻集需要一篇作者的生平简介，这对于已经85岁的曰修来说，应该是他晚年面临的一个新课题。毕竟是书写回顾自己一生的文章，除了要克服身体上的疲累，还要语言准确、逻辑清晰，这真是有些难为他了。

使我惊奇的是，曰修仅用了四个月的时间，就完成了这个任务，而且不是一篇简介，而是一部生平传记！文中从他童年的生活开始，写到如何参加革命，以至抗日战争、解放战争、抗美援朝，以及解放后赴越南、上高原等各个时期的经历。

这些文字，并非写在现成的稿纸上。他将各种废弃的打印纸裁成8—9厘米宽、11—12厘米长的小纸片，就在这些大小不等的纸片背面，他写下了自己一生的传奇经历。纸张小，字也小，曰修用清晰工整的蝇头小楷写了88页之多。这是曰修作为一个从艰苦岁月走过来的老后勤兵的习惯，节约用度，吝惜纸张；同时也有他多年从事部队财会工作的作风，做事有板有眼，一丝不苟。每每看到这些原稿，他戴着花镜伏案书写的身影就会浮现在我的眼前，耄耋之年如斯，这是多么了不起的一位老先生啊！

当一页一页地读下去的时候，我们不禁为这位 85 岁的老者所折服。对 60 余年前的往事，他仍然记忆清晰，有条不紊地娓娓道来。语言朴实无华，却言简义丰，生动鲜活。随着阅读的深入，我们仿佛跟随作者回到历史长河中，看到战争岁月中与敌人“上山下湖”、各出奇招、斗智斗勇的英雄故事，看到困难时期革命者们“捉虱子”炒鸡蛋，苦中作乐的乐观精神，也看到特殊年代“下放改造”的同志们依然奋力生产劳动，心系祖国建设的信仰与情怀，让人时而忍俊不禁，时而钦佩赞叹，时而潸然泪下。

当年曰修创作这篇传记，完全是为了用作《孙曰修篆刻集》的后记，并没有宣扬之意。由于是写在一张张的小纸片上，字迹又小，无法排印，我的大儿子孙少瑞又利用近一个月的业余时间将其一张张放大，梳理、分段、加上标题，编印成册，又经曰修亲自审阅、修改，这就形成了曰修的第一版回忆录，仅有 A4 纸打印的 28 页。作为《孙曰修篆刻集》后记的初稿，老先生对此非常满意。但作为一本书的“后记”是容纳不下如此多内容的，遂又请我正在读大学的孙女孙晓星从原来的 28 页删减为 10 页，以作“后记”之用。

此书编纂完成后，受到各界的好评。篆刻家、书法家姜公醉先生，红学家、书法家王湜华先生，国画家、书法家蔡小汀先生，书法家、篆刻家赵我将先生等，为此书写了序言和评价。此书共印了五千册，比较全面地反映了先生数十年来篆刻的实绩。书成后，曰修将其一一分赠亲友，回忆录也就此搁下。

2015 年，抗日战争胜利 70 周年，经过组织反复审查和多方面征求群众意见，曰修成为总后在丰台的五个干休所中，唯一被选中参加天安门阅兵的抗战老兵。这一时期，媒体大量宣传报道老兵群体的英雄故事及战斗事迹，引起社会乃至家人对曰修等抗战老兵的经历的关注。

那时，我作为陪伴他 60 余载的妻子，虽读过他写的回忆录，但都是从一个家庭成员的角度去理解他的人生经历。随着越来越多的老兵故事被报道，我们逐渐意识到，曰修的戎马一生也是共和国成长和发展的一个缩影。他的个人史料不仅值得珍视，而且极为宝贵。

然而曰修性格内敛，不喜张扬。当他参加天安门阅兵的时候，不少媒体与他联系，要求采访他，请他讲讲那些战斗的故事，他都婉拒了。他总是说："我的故事都写在那篇回忆录里，没有什么再好讲的了。"考虑到老先生年事已高，我当时未曾鼓励他接受采访，也没有建议他亲自完成并出版回忆录。现在回想起来，我对此深感愧疚。

2022 年，由于新冠肺炎疫情的肆虐，他未躲过这一劫，永远地离开了我们，我痛失相濡以沫近70年的老伴。回想他一生的经历和他对我无微不至的帮扶、恩爱倍至的恩情，我无以回报。因此，我萌生了出版他回忆录的想法，以此作为留给后人的一份精神财富。这个提议得到了全家人的支持。

我的女儿孙原，毫不犹豫地承担了这个任务。她花了半年多时间，不分昼夜地把父亲的这本回忆录的原始材料详加整理，并适当增加了一些背景说明，成为本书相关章节的"编者注"。对每段史实的提要，她都反复考证和推敲，使其提纲挈领，大大增强了历史资料的准确性；她细心核对家中现存的历史照片并将它们恰当地融入书中，让每一个场景真实再现；她为每个故事拟写了富有深意的主题名称，引导读者去追逐兴趣的火种，流连在追忆的长河中；她还对一些关键内容进行了丰富，使这本回忆录的故事更加连贯顺畅，富有灵魂的共鸣，引人入胜……女儿的努力和付出无不深刻地展现了她对父亲的深厚爱意。

对于这本回忆录，我只是对曰修没有来得及写的、而我所知道的史实做了几段补写。审视全书，我以为还是颇具出版价值的，便大胆推荐给了生活·读书·新知三联书店的资深编辑唐明星同志，得到她的首肯，并由她推荐给当代中国出版社的柯琳娟编辑。感谢柯编辑接纳了此书，才有此出版的机遇。柯编辑对此书的编辑极为认真，经常和我们沟通，尽可能地满足我们作者方的要求，我们全家对此深表感谢。

最后，我想用曰修生前在《孙曰修篆刻集》的“后记”中的一段引言作为本书“后记”的结束语：

二〇一一年，是我生命走过的第八十五个春秋。

从孩童直至杖朝之年，已是须眉白发，回首往事，感慨万千，那些往事虽是平凡，却真实地打上了时代的烙印；那些儿女情、战友情、爱国情虽朴实无华，却深深地影响了我的后半生，乃至于我的人生；那些生活琐事、革命往事、创业故事虽然微不足道，是我的后人们所不曾经历的。

在这里，我将这些回忆分别整理作为后记，附于书后，一来是为自己的漫漫人生做一次阶段性的回顾，二来想把那些不能忘却的往事化为一笔宝贵的财富，留给我的子女，希望他（她）们能够将老一辈艰苦奋斗，自强不息的精神世世代代传承下去。这样，将为本书赋予更为深厚的意义。

叶淑穗（时年 94 岁）

2024 年 8 月 1 日